Peter Haining

HEXEN

Wahn und Wirklichkeit in Mittelalter und Gegenwart

Stalling

Über den Autor:
Peter Haining ist ein bekannter englischer Schriftsteller und Anthropologe mit besonderem Interesse für Übersinnliches. Zahlreiche Vorträge in Rundfunk und Fernsehen sowie mehrere Bücher haben ihn zum Experten für Okkultes und PSI werden lassen.

Aus dem Englischen übertragen von Michael Venzky-Stalling

Englische Originalausgabe unter dem Titel »An Illustrated History of Witchcraft« bei New English Library/Times Mirror

Deutschsprachige Ausgabe

Umschlaggestaltung: E. Beaufort
Gesamtherstellung: Gerhard Stalling AG, Oldenburg
ISBN 3-7979-1949-2

Inhalt

Vorwort

Wann immer ich im Fernsehen oder im Rundfunk über okkulte Themen spreche, werde ich gefragt: »Aber Sie selber glauben doch nicht an Hexen oder ähnliche Dinge?« Ohne Zweifel erwarten die meisten Journalisten eine negative Antwort. Wenn ich dann aber sage, daß ich sehr wohl von der Existenz der Hexen überzeugt bin, und daß es sogar große Mengen von authentischem Bildmaterial und dokumentarischen Beweisen zum Thema gibt, sehen sie mich zumeist irritiert an, husten nervös und wechseln das Gespräch.

Offensichtlich ist das Thema »Hexen« nach wie vor von der Aura des Geheimnisvollen und des Außergewöhnlichen umgeben, hinzu kommt vermutlich im Unterbewußtsein eine weit zurückreichende Tradition der Grausamkeit und des Bösen. Bewußt assoziiert der normale Bürger das Wort »Hexe« in der Regel mit Ammenmärchen und mittelalterlichem Aberglauben – und natürlich mit all den Sagen über Hexen und ihre unheimlichen Katzen. Aber, wie jede Überlieferung, haben auch solche Märchen und Sagen einen wahren Kern.

Wenigstens einen Teil dieser Wahrheit aufzudecken, ist seit vielen Jahren mein Ziel. Teilergebnisse davon habe ich schon veröffentlicht. Nie zuvor jedoch hatte ich Gelegenheit, mein gesamtes, während einer Forschungszeit von fast zehn Jahren zusammengetragenes Bildmaterial geschlossen vorzulegen.

Dies wurde nun mit dem vorliegenden Buch möglich. Der geneigte Leser findet hier jene Stiche, Skizzen, Gemälde und Fotografien, die, jedenfalls meiner Ansicht nach, Geschichte und Gebräuche eines uralten Kults – denn um nichts anderes handelt es sich beim Hexenglauben – unwiderleglich beweisen. Bitte, lieber Leser, schauen Sie die Illustrationen aufmerksam durch, die Begleittexte geben eventuell noch notwendige Erläuterungen. Ich erwarte keineswegs, daß Sie meinen Schlußfolgerungen uneingeschränkt zustimmen – aber sollten wir uns in Zukunft einmal treffen, dann brauchen *Sie* mich wenigstens nicht mehr zu fragen, ob ich an Hexen glaube oder nicht . . .

Peter Haining
Birch Green, Essex

Hexen bei der Arbeit – sie brauen einen geheimnisvollen Absud. Ihre Kenntnisse von der Wirkung der Kräuter wurde ihnen in früheren Zeiten als Zauberkunst angelastet. Die Fähigkeit dazu verlieh ihnen, laut Volksglaube, der Teufel, der sie in Bocksgestalt durch die Lüfte zur Hexenversammlung trug.

Hexe – was ist das?

Die Hexe ist zweifellos eines der ältesten Elemente in Aberglaube und Literatur. Ob sie nun als altes Weib auf einem Besenstiel durch die Darstellungen früherer Jahrhunderte reitet oder als junges Mädchen mit ihren Gefährtinnen nackt durch die Nachrichtenspalten der Zeitungen von heute geistert, die Frage bleibt: Was verstehen wir eigentlich unter einer Hexe?

Der Aberglaube hat seit dem Mittelalter die Hexe als Feindin der Menschheit überliefert, als Einzelgängerin, die sich mit dem Teufel verbündet, um übernatürliche Künste zu beherrschen. Demnach kann sie ihre äußere Gestalt verändern, mit dem Wind reiten und niederem Getier – ihren Hausgeistern – befehlen, Krankheit und Tod über Mensch und Vieh zu bringen. Sie mußte jedoch für ihre Hexerei einen hohen Preis bezahlen: In Europa allein wurden zwischen 1484 und 1782 während der Zeit der großen Hexenprozesse mehr als 300000 Hexen hingerichtet. Es gibt Quellen, die die Zahl der Opfer des Hexenwahns mit einer Million beziffern.

Die modernen Massenmedien dagegen berichten über Hexen folgendes: Jung und schön bedienen sie sich uralten Wissens, um Liebes-, Zauber- und Gesundheitssprüche zu erfinden und magische Amulette anzufertigen. Da die Hexe heute nicht mehr als Feindin der Gesellschaft betrachtet wird, darf sie – allerdings nur in ihren eigenen vier Wänden – ihre Nacktheit zeigen, ohne Angst vor Verfolgungen haben zu müssen. Man ist den Hexen gegenüber toleranter geworden, und obwohl ihnen weiterhin der Hauch des Extraordinären anhaftet, wächst ihre Zahl jedes Jahr um einige Tausend an. (So wurde kürzlich in der Presse behauptet, allein in England gäbe es 60000 Anhänger des Hexenkults.)

Die Wahrheit – oder zumindest die allgemein akzeptierte Lesart – liegt in der Mitte zwischen den beiden Extremen. Demnach können Hexen sowohl männlichen als auch weiblichen Geschlechts sein; jene, die während des Mittelalters verfolgt wurden, wären sozusagen in ihrer Mehrzahl die unglücklichen Opfer einer zügellosen und abergläubischen Verfolgungsjagd gewesen. Der Hexen-

Links Die erste berühmte Hexe der Geschichte – die Hexe von Endor. Sie wird in der Bibel erwähnt (1. Samuel, 28). König Saul befragte sie über den Ausgang der Schlacht gegen die Philister. Die Hexe beschwor angeblich den Geist seines Vorgängers Samuel herauf, um von ihm die gewünschte Auskunft zu erfahren. Wahrscheinlich hat es sich bei dem »Geist« um einen verkleideten Komplizen der Hexe gehandelt, dessen Stimme sie durch Bauchreden hervorbrachte.

Rechts Dieses Bild beweist: Hexen wurden nicht unbedingt als alte, abstoßende Weiber dargestellt. Gemälde von Hans Baldung Grien, 16. Jahrhundert.

Ein typisches Beispiel für die Darstellung der Hexe als altes, häßliches und verkommenes Weib. Abgebildet ist die Titelseite eines Traktats aus dem Jahr 1643 (British Museum).

Eine ungewöhnliche Ausnahme unter den Hexenbildern des viktorianischen Zeitalters – das fin-de-siècle Gemälde »Die junge Hexe« von Willy Pogany. Ihre Darstellung steht im krassen Gegensatz zur prüden Moral jener Epoche.

Der Hexenkult feiert zur Zeit seine Wiederauferstehung, etwa in England, wo die Hohepriesterin Maxine Morris Andachten zu Ehren »der alten Götter« abhält.

kult, so heißt es weiter, sei eine alte, aus vorchristlicher Zeit überkommene Fruchtbarkeitsreligion, die ursprünglich den Namen *Wicca* trug. *Wicca* ist die weibliche Form des alt-angelsächsischen Worts *wicce*, von dem sich das englische Wort *witch* = *Hexe* ableitet, und dieses wiederum stammt möglicherweise von dem Verb *wiccian* = *Hexerei ausüben*, ab. Das deutsche Wort Hexe nun kommt nach Meinung der Mehrzahl der Forscher aus dem Althochdeutschen: hagazussa (von hag = Zaun und tusjo = Dämon).

Die Wicca-Version, das sollte sogleich einschränkend gesagt werden, ist sowohl unter Gelehrten und Laien als auch unter den Hexen selbst umstritten. Sie wurde zum ersten Mal von der Anthropologin Dr. Margaret Murray zu Beginn dieses Jahrhunderts veröffentlicht. Sie führte die Hexerei auf die Anbetung der Großen Mutter oder Fruchtbarkeitsgöttin und des Gehörnten oder Jagdgottes der Frühzeit zurück (siehe Kapitel 2).

Dieser Kult, so Dr. Murray, hätte sich aus heidnischer Zeit trotz Verfolgung, Verboten, Blutvergießens und Furcht bis auf den heutigen Tag erhalten. Dieser Theorie neige auch ich zu, zumal sich die Aussagen anderer Veröffentlichungen über die Lehren und Praktiken des Hexenwesens mit denen von Dr. Murray decken.

Wieder andere Gelehrte haben die Auffassung vertreten, der moderne Hexenkult sei nichts weiter als eine Erfindung von Dr. Murray und einem »Herrn aller Hexen« von eigenen Gnaden, dem inzwischen verstorbenen Gerald Gardner. Sie betrachten den Hexenkult als ein Synonym für gewöhnliche Zauberei, das heißt die Ausnützung menschlichen Aberglaubens für gute oder schlechte Zwecke, und sie behaupten, dahinter stehe eine komplexe geschichtliche Tradition, die sich ständig mit dem Menschen und der Gesellschaft wandle.

Selbstverständlich kann ein Buch wie dieses sich nicht bis in alle Einzelheiten mit den

Eine Hexe aus dem 16. Jahrhundert. Sie triumphiert über das Rad, auf das so viele Opfer des Hexenwahns geflochten wurden.

Die berühmte französische Hexe Antide Colas gestand (1598), daß Satan ihr befohlen habe, jeden Morgen und jeden Abend, vor jeder Arbeit zu ihm zu beten. Aus einer Flugschrift des 17. Jahrhunderts.

verschiedenen Theorien auseinandersetzen. Authentische Bilder und Illustrationen sind zumeist die besten Beweise. In diesem Sinne wurde das vorliegende Werk zusammengestellt. Die hier präsentierten Abbildungen und Schriftstücke ergeben am Ende eine Geschichte des Hexenwesens, die ihrerseits alle Facetten des menschlichen Charakters widerspiegelt. Vor allem jedoch ist dieses Buch ein leidenschaftlicher Aufruf zur Toleranz. Hätten doch nur ein paar Leute den Rat des französischen Essayisten Montaigne aus dem 16. Jahrhundert befolgt; wahrscheinlich wäre dann die Veröffentlichung dieses Buches überhaupt nicht notwendig geworden:

»Wie ist es doch viel logischer, daß unsere Vernunft von der Verwirrbarkeit unseres ungeordneten Hirns davongejagt wird, als daß einer, Fleisch und Blut das er ist, von einem geheimnisvollen Geist auf einem Besenstiel den Schornstein emporgetragen werde.«

Links Die Hexe von Berkeley, die ihre Seele dem Teufel verschrieb. Sie wurde, obwohl sie dem Bösen vor ihrem Tode abgeschworen hatte, von einem Dämonen aus dem Sarg geholt und in die Hölle entführt. Aus dem »Chronicle« von William of Malmesbury, 12. Jahrhundert.

Hexen sind in unserem Jahrhundert so populär geworden, daß sich sogar – zumindest in England – die Werbung ihrer bedient.

Rechts unten Das moderne Hexenwesen hat auch die Initiationsriten früherer Zeiten wieder übernommen. Die Hohepriesterin verbindet dem Novizen die Augen, legt die Spitze ihres Schwertes an sein Herz und warnt ihn vor den Folgen der Verleugnung seiner Gelübde. Damit wird die Aufrichtigkeit seines Wunsches, Hexe zu werden, getestet.

Unwiderlegbare Beweise für die Existenz von Hexen

Daß es in Großbritannien seit frühester Zeit Hexen gegeben hat, ist unbestreitbar. Die Mitglieder eines noch heute bestehenden Hexenzirkels in Somersetshire tragen unterhalb eines bestimmten Fingergelenks Tätowierungen, die angeblich einen Buchstaben des vorchristlichen keltischen Alphabets darstellen. Sie nennen sich die »Druiden« und versammeln sich vierteljährlich zu Candlemas (Lichtmeß) am 2. Februar, May Eve (Walpurgis) am 30. April, Lammas (Petri Kettenfeier) am 1. August und Hallowe'en (Abend vor Allerheiligen) am 31. Oktober in einem druidischen Steinzirkel. Ich vermute allerdings, daß ihre Bräuche auf einem Ritual basieren, das von einem Altertumsforscher der Edward-Davies-Schule im 18. Jahrhundert neu gestaltet wurde.

Die »Druiden« werden nach Abschluß der Pubertät auf Grund bestimmter angeborener Gaben wie Intuition und Erkenntnis, zweites Gesicht und Gedankenkontrolle, ausgewählt. Obwohl die Mitgliedschaft meist auf örtliche Familien beschränkt ist, gehören auch Männer und Frauen aus Bristol und London den »Druiden« an. Ihre Bräuche unterscheiden sich wesentlich von den Zaubersprüchen, Liebestränken, Giftmischereien und Erpressungen der alten fränkischen Hexen oder auch der heutigen Hexen auf Mallorca. Nur wenige Meilen entfernt von meinem Haus auf dieser Insel lebt ein Dorfzimmermann, der von seiner Frau mit einem Zauberbann belegt worden war, nachdem diese von seiner Liebe zu der Tochter des Bäckers erfahren hatte. Der Zimmermann konnte daraufhin nicht mehr über die Türschwelle auf die Straße treten, ohne ohnmächtig umzufallen; so ging es dreizehn Jahre lang. Dann starb seine Frau, er folgte ihrem Sarg über die Schwelle des Hauses und ist heute glücklich mit der Bäckerstochter verheiratet.

Robert Graves
Daily Telegraph Magazine, 21. 5. 1965
(Zum Bild rechts oben)

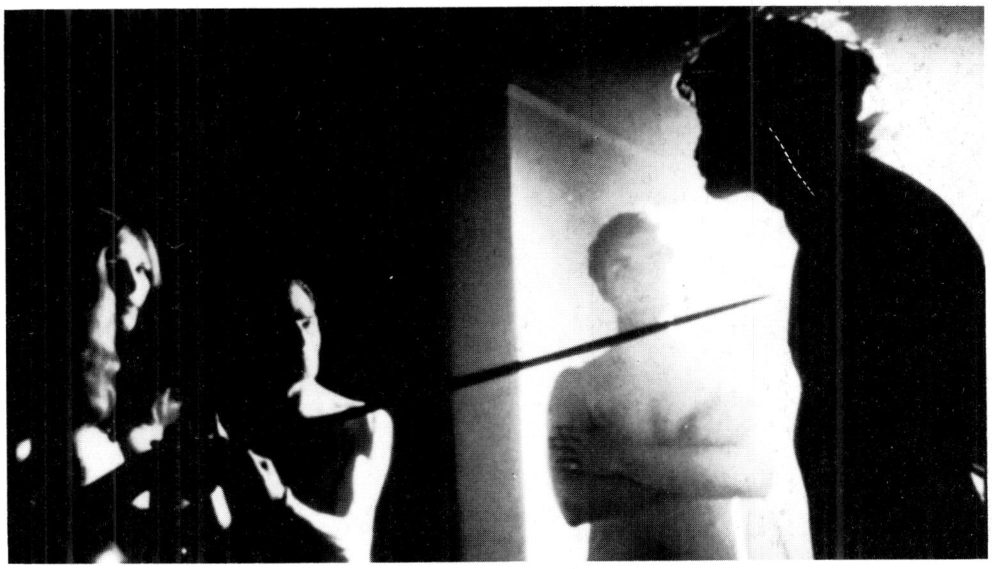

Als die Bruderschaft noch wirklich mächtig war, erkor sie stets solche zu Mitgliedern, die von Natur aus über gewisse Fähigkeiten verfügten, und schulte sie; sie übten sich untereinander und entwickelten ihre Kräfte. Doch ich sage Euch, daß uns nicht jene wundervollen Kräfte zu eigen sind, die uns unterstellt werden, wenn wir auch gewisse Fähigkeiten besitzen. Unser einziger Wunsch ist es, unsere Götter in Ruhe verehren zu dürfen, uns auf unsere Weise zu vergnügen und glücklich und in Frieden leben zu können.

Gerald Gardner
The Witch Cult (1954)

Mein besonderes Interesse gilt der Existenz eines außerchristlichen Kults im mittelalterlichen Europa, wenngleich dieser Glaube auch schon vor dem Mittelalter in Europa und im Nahen Osten verbreitet war. Er überlebte, versteckt unter dem Gewand der offiziellen Kirche des jeweiligen Landes – dem Christentum in Europa, dem Islam neben verschiedenen christlichen Glaubensgemeinschaften im Vorderen Orient. Da aber die *literati* dieser Länder den neuen Religionen angehörten, gibt es nur wenige schriftliche Quellen über den alten Glauben; das Heidentum war sowohl im Westen wie auch im Osten in der sprachlich ungebildeten Masse beheimatet, die viele Jahrhunderte hindurch von den neuen Religionen unberührt blieb.

Dr. Margaret Murray
The God of the Witches (1931)

Die Götter des Wicca-Kultes

Im Mittelpunkt des Wicca-Glaubens standen zwei Gottheiten: die Göttin der Fruchtbarkeit oder Große Mutter und der Gehörnte oder Gott der Jagd.

Die Anbetung der Großen Mutter sollte sowohl das Wachstum der Ernte wie auch die Fruchtbarkeit der Frau sichern. Anthropologen nehmen an, daß die Große Mutter schon vor dem Gott der Jagd verehrt wurde. Dies könnte einer der Hauptgründe dafür gewesen sein, daß Frauen als Hohepriesterinnen die kultischen Zeremonien leiteten, eine Rolle übrigens, die sie heute noch innehaben.

Der Gehörnte oder Gott der Jagd gewann erst später – der genaue Zeitpunkt läßt sich nicht mehr feststellen – an Bedeutung. Er versinnbildlichte zum einen die Tiere, die der Mensch jagte, zum anderen die unbestimmte Vorstellung, daß das Leben mit dem Tod nicht zu Ende sei und die menschliche Seele lediglich von diesem in ein anderes, jenseitiges Leben hinüberwechsele.

Die bildliche Darstellung dieser Gottheiten hat sich über die Jahrhunderte hinweg kaum verändert, wie dieses Buch zeigt. Seine Abbildungen machen zudem klar, wie mindestens zwei der stärksten Vorurteile gegen den Hexenkult zustande kamen: Die Nacktheit der Fruchtbarkeitsgöttin ist Ursache für die Verquickung ihrer Verehrung mit Unzucht, und die »gehörnte« Gestalt des Jagd-Gottes läßt nur zu deutlich erkennen, warum die Hexen der Teufelsanbetung bezichtigt wurden. (Man muß allerdings der Ehrlichkeit halber konzedieren, daß das Geschlechtliche eine wichtige Rolle im Hexenwesen spielt und daß der freie Geschlechtsverkehr der Anbeter untereinander in früheren Zeiten ein Bestandteil vieler Riten war – unter anderem sollte er wohl den Fortbestand des Stammes sichern. Heute wird der Geschlechtsverkehr, wenn auch nicht immer direkt ausgeführt, so doch vorgetäuscht).

Aus den Quellen läßt sich ersehen, daß erst in späteren Jahrhunderten die Gottheiten von Kultteilnehmern dargestellt wurden. Auserwählte Männer setzten sich Hirsch- oder Stierköpfe auf, während die weibliche Anführerin der Gruppe, geschmückt und leicht bekleidet, die Erdmutter verkörperte. Man kann verstehen, warum sich abergläubische Zuschauer bei den Wicca-Riten einredeten, daß die Gestalt, die sie da vor sich sahen, nicht ein maskierter Mann, sondern der Teufel selbst war.

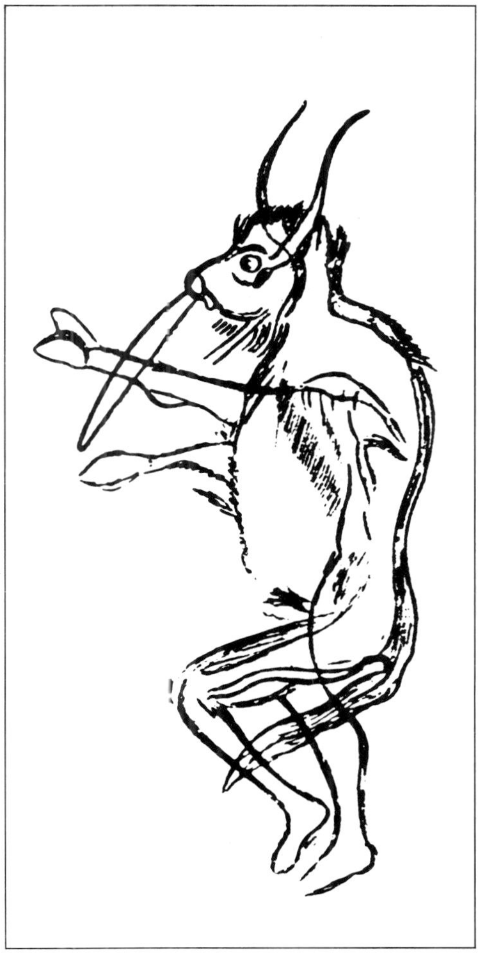

Oben Felszeichnung eines maskierten Tänzers. Sie wurde in Frankreich, im Fourneau du Diable, Dordogne, gefunden.

Oben Mitte Fellbekleidete, gehörnte Gestalt aus der Mege-Höhle in der Nähe von Teyjat in der Dordogne. Man nimmt an, daß es sich hier um eine der ältesten Darstellungen eines Mannes in der Rolle des gehörnten Gottes handelt.

Oben rechts Ein Stich aus dem 16. Jahrhundert, der zeigt, wie leicht ein mit Tierfellen bekleideter Mann mit dem Teufel verwechselt werden konnte.

Rechts Mittelalterliche Darstellung von Hexen bei der vermeintlichen Teufelsanbetung. Man kann sich, wie gesagt, unschwer vorstellen, warum eine maskierte, fellbekleidete Gestalt von den Abergläubischen mit dem Teufel identifiziert wurde.

Links Ein moderner Hexenzirkel bei der Ausübung seiner Rituale.

HÆRESIS DEA
Mantichora
Primitiæ artis Antonii Eisen
heit datæ Warbergæ Paderbornensium

Frauen und Magie

Schon in grauer Vorzeit wurde das Magische hauptsächlich mit den Frauen in Verbindung gebracht. Den Frauen und nicht den Männern war die Wahl und die Bereitung starker Arzneien und auch der Nahrung anvertraut. Die Kunst des Schreibens und Lesens war im Altertum meist das Privileg der Frauen. Das unruhige Leben des Mannes war vom Krieg, der Jagd und dem Ackerbau bestimmt. Die Frau dagegen hatte die nötige Muße, um sich durch Erfahrung sämtliche Mittel der Zauberei anzueignen. Die Vorstellungskraft der Frau ist lebhafter und empfänglicher als die des Mannes, und seit Urzeiten schon zollte man ihrer inneren, heiligen Kraft und ihrer Fähigkeit zur Weissagung hohe Achtung. Frauen waren Priesterinnen und Wahrsagerinnen; deutsche und skandinavische Überlieferungen haben uns ihre Namen und ihren Ruhm bewahrt. Der Volksmund nennt sie Nornen, Walküren und Schwanenmädchen. Sie sind entweder göttlichen Ursprungs oder Zauberinnen. Eine Vermischung dieser natürlichen, sagenhaften und phantastischen Elemente hat die Vorstellung vom Hexentum hervorgebracht. Phantasie, Überlieferung, die Kenntnis der Heilmittel, Armut und Faulheit verwandelten manch altes Weib in eine Hexe; die drei letztgenannten Umstände ließen Schäferinnen und Viehhüterinnen zu Zauberinnen werden. Das Christentum veränderte dann wiederum alle diese Vorstellungen.
Anonymer englischer Autor des Mittelalters

Frauen wurden zu allen Zeiten mit dem Magischen in Verbindung gebracht. So nimmt man an, daß die Priester der Heidenkulte Frauen waren. Auf Kreta wurden die Schlangen von einer Göttin beherrscht. Schlangen waren in frühgeschichtlicher Zeit Fruchtbarkeitssymbole. Alles deutet darauf hin, daß das Hexenwesen auf eine vorchristliche Religion zurückgeht.

»Hexen« bereiten sich auf ihre Fruchtbarkeitsriten vor. Stich von F. Morellon la Cave.

Der Sabbat

Lange Jahre war der Sabbat das Fest, das sich im Volksglauben am engsten mit dem Hexenwesen verband. Man war überzeugt, daß die Hexen bei ihren regelmäßigen Zusammenkünften dem Teufel, der persönlich erschien, um sich anbeten zu lassen, Gehorsam schworen, daß sie tanzten, sangen, speisten und sich ungezügelter Lust hingaben. Dem Geschlechtlichen im Rahmen des Sabbats wurde große Bedeutung eingeräumt – insbesondere dem »obszönen Kuß« auf den Hintern des Teufels, sowie dem Geschlechtsverkehr mit dem Teufel zwischen Männern und Frauen (auf hetero- wie auch auf homosexuelle Art) und mit Tieren.

Trotz so vieler unzüchtiger und schauriger Vorstellungen über die Sabbat-Feste, von denen allerdings nur wenige Augenzeugen verläßliche Berichte überliefert haben, dekken sich alle Darstellungen in einem Punkt: Das Sabbatfest fand an einem ganz bestimmten Ort, häufig in der Nähe eines verfaulten Baums, eines Wegweisers oder Galgens, statt.

In Europa gibt es mehrere Orte, die als Sabbatplätze bekannt wurden, darunter der Brocken oder Blocksberg im Harz; der Blokula-Berg in Schweden und der Blakalla Berg in Norwegen; das Benevento Gebiet in Italien, wo sich die *streghe* unter einem Nußbaum versammelten (manchmal auch »Die Benevento-Hochzeit« genannt); in Frankreich auf dem Puy-de-Dôme in der Nähe von Clermont; und in Spanien, wo sich die *hechiceras* auf der Heide von Buraonia bei Sevilla ein Stelldichein gaben.

Experten in Sachen Sabbat-Feste führen die Annahme, daß der Hexenkult eine alte Fruchtbarkeitsreligion sei, auf eben die Sabbatfeiern zurück. Selbst bei den pervertierten Vorstellungen vom Hexensabbat schimmern noch jene Elemente durch, die bereits in der Entwicklung der alten *Wicca*-Religion festzustellen waren: die Anbetung eines gehörnten Gottes, Tanzen, Singen und Geschlechtsakte. Da sich diese Vorgänge nachts und im Freien abspielten, ist es nicht verwunderlich, daß abergläubische Geister die fröhliche Ausgelassenheit der Hexen bald in einen ruchlosen Verkehr mit dem Bösen umdeuteten.

Es wird aber auch gemutmaßt, der Sabbat sei nichts anderes als die Ausgeburt krankhafter Phantasie gewesen. Und es gibt die These, bei den Vorgängen auf den Sabbatfesten habe es sich um Rauschgiftvisionen gehandelt, die Drogen seien entweder geschluckt oder als Salben auf die Haut gerieben worden.

Rechts Hexenfeiern auf dem Blocksberg. Der Teufel in der Mitte läßt sich die Reverenz erweisen, während seine Diener das übrige Hexenvolk zu einem Reigen führen.

»Der Sabbat«, Kupferstich von Claude Gillot. »Unter dem Vorwand einer magischen Zeremonie«, heißt es in einem Bericht aus dem 17. Jahrhundert, »wird ein Karneval der Sinneslust mit groteskem Pomp gefeiert.«

Bloks-Bergs
Verrichtung.

Die konkreten Tatsachen, die sich aus solchen Berichten zweiter und dritter Hand filtern lassen, nehmen sich im Gegensatz zu diesen Phantasieprodukten geradezu banal aus. Die Teilnehmer begaben sich zu Fuß an den Ort des Sabbat-Festes. Eine Kerze am Ende eines Besenstiels leuchtete den Weg aus. Auf dem Platz angelangt, bestiegen die Teilnehmer ihre Besen und tanzten, von der ganzen Gesellschaft angefeuert, wirbelnd im Kreis herum. In diesen Kreis trat dann später die Gestalt mit dem Bockshaupt, die so gern mit dem Teufel verwechselt wurde. Man bezeugte ihr seinen Gehorsam – das heißt nicht der Gestalt als solcher, sondern dem Gott, den sie verkörperte. Dann wurde gegessen.

Kurt Seligman bemerkt in seinem Buch *The History of Magic* (1948) denn auch sehr treffend: »Der Sabbat geriet in einen zweifelhaften Ruf, als die alten heidnischen Bräuche nicht mehr als Wiederbelebung einer entschwundenen Vergangenheit betrachtet wurden, sondern als schändliche Handlungen der Ketzerei und des Teufelskultes. So hielten denn der Teufel und die Hexe gemeinsam Einzug in das Mittelalter.«

Vorbereitungen zum Flug auf den Blocksberg: Die erste Hexe reibt sich mit »Flugsalbe« ein, die zweite hat ihren Besenstiel bestiegen und befindet sich auf dem Weg durch den Schornstein, die dritte hat den Flug zum Sabbat bereits angetreten. Man beachte den heimlichen Zuschauer am Schlüsselloch! Holzschnitt aus dem 16. Jahrhundert.

Verschiedene Elemente einer Sabbat-Feier. Französischer Stich aus dem 19. Jahrhundert.

Die spanischen Hexen, Hechiceras genannt, sollen ihre großen Sabbatfeiern auf der Heide bei Buraonia in der Nähe von Sevilla abgehalten haben. Das Gemälde ist ein Teil einer Serie, die Goya über das Hexenwesen malte.

Der Blokula-Berg in Schweden war ein anderer beliebter Hexenversammlungsplatz. Stich aus einer Flugschrift des 19. Jahrhunderts.

Der berüchtigte »obszöne Kuß«. Laut Volksglauben hatten die Hexen dem Teufel ihren Gehorsam durch einen Kuß auf den Hintern zu erweisen. Aus dem »Compendium Maleficarum« von Guazzo, 1626.

Nächste Doppelseite Wahrscheinlich die dramatischste und sensationellste Darstellung des Zauberfestes auf dem Brocken, dem bekannten Treffpunkt der Hexen. Von Michael Herr, 17. Jahrhundert.

B. Berg
Michael Herr inuent

Oben und links Hexen und ihre Buhlen. Geschlechtsverkehr mit Satan galt als Hauptbestandteil des Sabbats. Ausschnitt aus einem Stich von Albrecht Dürer sowie eine mittelalterliche Darstellung.

Oben links und oben Mitte Das Hexenwesen beschäftigte die Phantasie der Menschen des Barockzeitalters offensichtlich sehr, wie zahlreiche Buchveröffentlichungen bezeugen. Zur Anschauung: Titelseite der »Daemonolatria« von August Remigi (1693) und die Titelseite zu einer Abhandlung über Okkultismus.

Ein Augenzeuge des Sabbats

Josef Ennemoser zitiert in der *Geschichte der Hexerei* (1893) eine einprägsame zeitgenössische Schilderung der Vorstellungen, die der Mann auf der Straße im Mittelalter mit dem Sabbat verband. Das Zitat stammt von einem anonymen deutschen Autoren des 15. Jahrhunderts:

»Die Versammlungen finden an einem einsamen Ort statt, der nur den Hexen und ihren Vertrauten bekannt ist. Der Teufel erscheint als hübscher junger Mann, mit Federn geschmückt und zur Liebe bereit. Erst wenn es zu spät ist, sehen die Hexen seinen Pferde- oder Gänsefuß. Der Teufel zwingt sie sodann, Gott zu verleugnen, ›tauft‹ sie und gibt ihnen einen neuen Namen, verrät aber den seinigen nicht. Hin und wieder nähert er sich als Maus, Krähe oder Fliege, nimmt aber bald menschliche Gestalt an. Erst nach wiederholtem Geschlechtsverkehr mit dem Teufel erhalten die Hexen kleine Geldgeschenke, die aber in Wirklichkeit verzauberter Kot sind. Er legt gewisse Tage fest, an denen die Hexen ihn besuchen müssen, oder er nimmt sie auf nächtliche Feste mit, die mit anderen Teufeln und Hexen gefeiert werden. Wenn der Teufel die Hexen abholt, setzt er sich vor sie auf einen Besenstiel, eine Ofenschaufel oder worauf auch immer sie reiten mögen. Oder er erscheint auf einem Bock, den dann auch die Hexen besteigen. Oder aber sie reiten auf Pferden aus, die aus dem Erdboden emporsteigen. Am Versammlungsplatz treffen sie noch viele andere Hexen an, manche von ihnen sind schon lange tot, andere sind Damen von Stand, die Masken tragen. Ihre Buhlen sind jedoch nur die Diener des Hauptteufels, der in Bocksgestalt und mit dem Gesicht eines Negers entweder auf einem hohen Stuhl oder auf einer steinernen Tafel inmitten eines Kreises sitzt, wo ihm alle ihre Verehrung mit Verneigungen und Küssen entgegenbringen. Er erwählt auch die Hexenköniginnen. Schwarze Kerzen, die zwischen den Hörnern des Bocks brennen, beleuchten ein frugales Mahl. Die Hexen berichten dabei von ihren Missetaten und beschließen neue Untaten. Wenn der Teufel mit ihnen unzufrieden ist, züchtigt er sie. Nach der Mahlzeit, die weder nährt noch satt macht, beginnt der Tanz. Der Musikant sitzt auf einem Baum, er fiedelt auf einem Pferdekopf; der Tanz wird rückwärts im Kreise ausgeführt und des Morgens sieht man die Spuren von Kuh- und Ziegenhufen.

Wenn der Tanz aus ist, schlagen sich die Hexen gegenseitig mit Dreschflegeln oder Mangelrollen; zu guter Letzt verbrennen sie den großen Bock, bis nur noch Asche übrig ist, die sie unter sich zur Verwendung bei ihren bösen Taten verteilen. Die Heimkehr vollzieht sich auf die gleiche Weise wie die Anreise.«

Oben Ein Stich aus dem frühen 18. Jahrhundert zeigt drei Hexen bei einem geruhsamen Mahl und entsprechender Unterhaltung. Diese Darstellung mag den tatsächlichen Zeremonien des Sabbats am nächsten kommen.

Hexe mit Inkubus, »der Auflieger«. Bei den alten Römern hieß so der Dämon des Alpdrückens. Im 15. Jahrhundert wurde daraus der Buhlteufel der Hexen. Sein Gegenpart war der Sukkubus.

Was Hexen tun

Das einfache Volk hatte Angst vor den Hexen. Daran war nicht nur ihr angeblicher Verkehr mit dem Teufel schuld, sondern auch das Gerücht von den Zauberkräften, die man den Hexen zuschrieb.

Am weitesten verbreitet war der Glaube, daß Hexen fliegen könnten. Dies taten sie, so wollen Überlieferungen wissen, entweder nach dem bloßen Aussprechen bestimmter Worte oder nach Einreiben mit einer besonderen ›Flugsalbe‹. Anderen Berichten zufolge ritten die Hexen auf einem Besenstiel oder auf dem Rücken eines Bocks, der entweder der Teufel selbst oder einer seiner dienstbaren Geister war.

Dieser Glaube dürfte zuerst im 10. Jahrhundert Boden gewonnen haben, und eine der ersten Maßnahmen gegen »gewisse böse Frauenzimmer, die bekennen, des Nachts auf allerlei Getier auszureiten«, findet sich im *Canon Episcopi*, einer Handschrift aus dem Jahre 950 n. Chr.

Wenig später wußte eine deutsche Quelle zu berichten, daß eine praktizierende Hexe nur die Worte »Auf und davon! Hui! Hoch hinauf und nicht geruht« auszusprechen brauche, und schon würde sie der Wind davontragen.

Den Hexen wurde außerdem nachgesagt, daß sie ihre Gestalt wechselten und als Tiere und Ungetier das Land durchstreiften. Derartige Gerüchte scheinen allerdings schon lange vor dem Mittelalter in Umlauf gewesen zu sein, wenn auch noch in sehr vager Form. In den *Metamorphosen* des Dichters Apuleius (2. Jahrhundert n. Chr.) wird der Gebrauch einer gewissen Salbe beschrieben, mit deren Hilfe Hexen fremde Gestalten annehmen konnten. Der Held der Geschichte – vielleicht der Autor selbst – beobachtet durch die Ritze einer Speichertür, wie die Zauberin Pamphile »ein Schränkchen aufschloß und mehrere kleine Töpfe herausnahm. Sie entfernte den Deckel von einem dieser Behältnisse und goß eine Salbe in ihre Hand, mit der sie sich sorgfältig für längere Zeit von Kopf bis Fuß einrieb. Sodann, nachdem sie eine Weile über einer Lampe leise vor sich hingemurmelt hatte, bewegte sie ihre Glieder zunächst auf zitternde, dann ruckartig schüttelnde und schließlich gleichmäßig sanfte Weise, bis weiche Federn aus ihr hervorsprossen, starke Flügel wuchsen und ihre Nase sich verhärtete und zu einem Schnabel krümmte; ihre Nägel schrumpften und bogen sich zu Krallen. So verwandelte sich Pamphile in eine Eule.«

Zur Zeit der Verfolgung der Tempelritter nahm der Glaube, die Hexen könnten sich in Katzen, Ziegen, Kröten usw. verwandeln, zum ersten Mal fest umrissene Formen an. So kam es, daß manch ein Haustier dazu herhalten mußte, die Anklage wegen Hexerei gegen einen alten Mann oder eine alte Frau zu rechtfertigen.

An der Spitze des Sündenkatalogs der Hexen stand die Fähigkeit, Nachbarn oder feindlich Gesinnte verhexen zu können. Zu diesem Zweck belegte die Hexe ihr Opfer entweder mit dem »bösen Blick« oder sie mischte seinem Essen spezielle Tränke bei, oder aber sie schickte einen dienstbaren Geist aus, um Angst und Schrecken zu verbreiten. Die Hexen konnten bewirken, daß das Getreide am Halm verdorrte, die Milch der Kühe versiegte, Pferde lahmten oder starben. In Deutschland ging die Rede, daß die Hexen die Milch blau oder blutig färben könnten und die Fähigkeit besäßen, den Übergang der Milch in Butter zu verhindern. Deshalb nannte man sie auch die »Milchdiebe«.

Die Quellen berichten auch folgendes: Die Hexen durchbohren puppenähnliche Abbilder ihrer Opfer mit Nadeln oder Nägeln, um der dargestellten Person Schmerzen, wenn nicht gar den Tod, zuzufügen. Nach anderen Quellen erhoben sich auf Befehl der Hexe Stürme. Sie schlugen zu diesem Zweck mit ihren Besenstielen auf die Erde oder warfen Kieselsteine in die Luft oder Sand gen Sonnenuntergang.

Trotz all dieser hier aufgezählten Untaten war man aber auch überzeugt, daß es Hexen gäbe, die ihre Fähigkeiten zum Wohle der Gemeinschaft benutzten. Ob es sich dabei um Hexen im herkömmlichen Sinne handelte oder vielmehr um »weise« Männer und Frauen in der Tradition des Wicca-Kults, mag dahingestellt bleiben. Auf jeden Fall sollte es mehrere Jahrhunderte dauern, bis jemand den Mut aufbrachte, öffentlich vom Vorhan-

Rechts Die Fähigkeit zu fliegen wurde den Hexen am häufigsten nachgesagt. Diese Seite aus der Handschrift »Le Champion des Dames« von Martin le Franc (ca. 1490) ist eine der frühesten bekannten Darstellungen dieser Hexenkunst.

Das Mittelalter schrieb den Hexen viele Kräfte und Künste zu. Begebenheiten wie die hier abgebildete wurden vom abergläubischen Volk nur allzugern geglaubt. Teil eines Stiches von Clavel, 1844.

adversaire
Respondy: tu
Quant tu auras
Vray est, oui say
Que les vielles
Ne vingt, mais
Vont ensemble en
Veoir leurs diabl
Ce nest pas truf
Ne cuide pas que
En parlant de l
Quant tu sauras
Toutes les
Et nest au mon
Qui leur fait p
Je te dy avoir
Vielle la quelle

densein »guter« Hexen zu sprechen. Gegen Ende des 16. Jahrhunderts finden wir die ersten Versuche einer vorsichtigen Unterscheidung. Wahrscheinlich war Reginald Scot mit seiner nüchternen Analyse *Discovery of Witchcraft* (1584) der erste Autor, der diesen Standpunkt entschieden verfocht; sodann sollte das Werk von Thomas Pickering *Discoverie of the Damned Art of Witchcraft* (1610) an dieser Stelle Erwähnung finden. Pickering schreibt:

»Es gibt zweierlei Sorten von Hexen, die *böse Hexe* und die *gute Hexe;* denn so werden sie allgemein genannt. Die *böse Hexe,* ob Mann oder Weib, steht mit dem Teufel im Bunde, sie bittet ihn um Hilfe bei ihren Missetaten, dergestalt, daß sie die Leiber von Männern, Weibern, Kindern und Vieh mit Krankheiten und Tod schlägt und gleichermaßen Stürme zu Land und auf See usw. entfesselt. Diese heißt man allgemein die *verwünschende* Hexe.

Gute Hexen sind solche, die nur Gutes tun. Sie schaden, quälen, verfluchen und töten nicht, sondern entfernen das Leid, das böse Hexen über Mensch und Tier gebracht haben. So wie jene nicht helfen, sondern nur zu schaden vermögen, so können diese kein Übel anrichten und nur Gutes tun.

Und so hat es der Teufel in seinem Reich verfügt und verschiedene Personen mit verschiedenen Ämtern und Aufgaben betraut. Und die gute Hexe wird allgemein die *fluchlösende* Hexe genannt.«

Doch erging es der guten Hexe, wie ein anonymer Schreiber einige Jahre später feststellte, nicht besser als der schlechten: »Sie wurde sogar noch mehr gefürchtet, denn die schwarze Hexe schadete nur dem Leib und dem Besitz, die weiße Hexe dagegen der Seele. Ein von ihr geheilter Arm oder Fuß konnte niemals sagen: ›Gott hat mich gesund gemacht.‹ Ein solcher Körperteil war verdammt, er verhinderte die Erlösung des übrigen Leibes. Auf Grund dieses Glaubens wurden die guten genauso wie die bösen Hexen mit schweren Strafen verfolgt und niemand dachte daran, jenen Dankbarkeit zu bezeugen, die schwerste Krankheiten geheilt und wahres Mitgefühl gezeigt hatten, solange der Verdacht bestand, daß der Ursprung dieser Kräfte nicht geheuer war oder daß die verwendeten Arzneien mächtiger waren als die normalen.«

Eine Hexe hat sich in einen Werwolf verwandelt. Aus einer seltenen deutschen Schrift, 1685.

Die Hexen besaßen mancherlei Fähigkeiten. Unter anderem veränderten sie ihre Gestalt für den Flug, wie der Stich unten links zeigt (aus »De Lamis« von Ulrich Molitor, 1489). Sie konnten Donner und Hagel machen (unten Mitte) und mit verzauberten Pfeilen Schmerzen verursachen bei Leuten, die sich Meilen weit entfernt aufhielten.

Hexe beim Flug. Der Stich bringt den volkstümlichen Glauben zum Ausdruck, daß die Hexen ihre dämonischen Reittiere rückwärts bestiegen. Teil eines Stichs von Albrecht Dürer.

Die Macht der Hexen

In seinem berühmten Buch *Discovery of Witchcraft* (1584) unternahm Reginald Scot den Versuch, die gängigen Auffassungen vom Hexenwesen und der Hexerei zu resümieren: »Es soll drei verschiedene Sorten von Hexen geben; dies bestätigen alle Autoren aus neuer und alter Zeit, die sich mit dem Thema befassen. Die eine Sorte, heißt es, kann nicht anders als Schaden anzurichten, die zweite bringt Hilfe und schadet nicht, und die dritte schadet und hilft zugleich. Und unter den schadenstiftenden Hexen, sagt man, gibt es solche, die scheußlicher sind als jedes Scheusal, mit Ausnahme der Wölfe: Wölfe zerfleischen und fressen ihre Jungen und Neugeborenen. Diese Hexen sind es, die Hagel, Stürme und Unwetter wie Blitz, Donner usw. heraufbeschwören. Diese Hexen machen Männer, Frauen und Tiere unfruchtbar, werfen Kinder ins Wasser, wenn sie mit ihrer Mutter spazierengehen. Böse Hexen lassen Pferde auskeilen, bis der Reiter am Boden liegt. Böse Hexen sind es, die den Geist der Richter so verwirren, daß ihnen der Richtspruch nicht schaden kann. Sie können sich selbst und andere stumm und standhaft gegen Folter machen. Sie können die Hände derer zittern machen, die sie festnehmen und ihre Herzen mit Schrecken erfüllen. Sie können verstekte oder verlorene Dinge herbeizaubern, zukünftiges Geschehen heraufbeschwören und so zeigen, als sei es wirklich gegenwärtig. Sie können den Geist der Menschen zu zügelloser Liebe oder Hass anstacheln. Sie können nach Belieben mit Donner und Blitz töten. Sie können den Mut des Mannes und seine Zeugungskraft lähmen. Sie können Fehlgeburten verursachen und das Kind im Mutterleib töten, ohne sichtbare Mittel von außen oder von innen anzuwenden. Sie können mit ihrem Blick Mensch oder Tier töten.«

Trotzdem dürfte es Scot kaum gelungen sein, sämtliche schwarzen Künste aufzuführen, die der Aberglaube und die Phantasie der Menschen in Europa den Hexen anlastete. Doch gerade die Vielzahl und Merkwürdigkeit dieser Beschuldigungen ließen in Scot Zweifel aufkommen, so daß er schließlich zu der gleichen Überlegung gelangte wie ein späterer Chronist, der schrieb: »Es ist bemerkenswert, daß alle Hexen, trotz ihrer Künste und der Macht des Teufels, im Elend und in tiefster Armut leben. Es gibt kein einziges Beispiel dafür, daß eine Hexe sich durch ihre ›Kunst‹ Reichtum verschafft hätte, und für den Verlust der ewigen Seeligkeit erwerben sie nur das allergeringste weltliche Vergnügen.«

Rechts oben Die vermeintliche Macht, über die Elemente zu gebieten, brachte den Hexen viel Haß und Feindschaft ein. Dieser Holzschnitt zeigt eine männliche und eine weibliche Hexe beim Entfesseln eines Sturmes. Aus »Historia de Gentibus Septentrionalibus« von Olaus Magnus, 1555.

Rechts unten Eine Hexe mit zwei dienstbaren Geistern. Diese Geister konnten unter anderem auch die Gestalt von kleinen Tieren oder Insekten annehmen. Sie halfen den Hexen angeblich, Schaden zu stiften und Krankheit über ihre Feinde zu bringen. Aus einer deutschen Flugschrift, 1517.

Links Das Verhexen war eine weitere mächtige Hexenwaffe – wie hier von Hans Baldung Grien auf dem Holzschnitt »Der verzauberte Stallknecht« dargestellt.

Feuer war eine ständige Gefahr. Die Häuser waren meist aus Holz und dicht nebeneinander gebaut. Wenn ein Feuer ausbrach – was sehr oft geschah – wurde dies mit Vorliebe den Ränken der Hexen und Zauberer zugeschrieben. Aus einer Flugschrift des 16. Jahrhunderts.

Nur wenige Zeitgenossen waren bereit zu gestehen, daß es auch gute Hexen gab, die sich der einfachen Heilkunst widmeten und sich um Gesundheit und Wohlbefinden des Volkes kümmerten. Dieser alte Holzschnitt zeigt einen jungen Mann, der eine Hexe in ihrer Höhle befragt. Man beachte, wie der Künstler der Versuchung nicht widerstehen konnte, sein Werk mit den herkömmlichen Zaubergestalten auszustatten: Sowohl dienstbare Geister als auch ein Dämon sind zu sehen.

Hexensalben

Es ist nicht leicht, die mögliche Wirkung dieser oft komplizierten Mixturen zu rekonstruieren. Daß die angeblichen Resultate – Verwandlung von Menschen in Tiere, die Fähigkeit der Hexen zu fliegen usw. – tatsächlich erzielt worden wären, kann mit Gewißheit verneint werden. Einige der Zutaten wurden offensichtlich nur verwendet, weil sie selten waren. Die Vielfalt der Ingredienzen erinnert an zeitgenössische medizinische Rezepte, die auf der Hoffnung beruhten, irgendeine Zutat werde schon den gewünschten Effekt erzielen.

Einige Drogen zeigten besonders starke Wirkung, wenn sie geschluckt wurden. Es steht jedoch außer Zweifel, daß die Absorbierung auch durch die Haut erfolgte, denn es war üblich, den Mischungen fettige Substanzen beizugeben, so zum Beispiel Fett von kleinen Kindern, wie Wier und Porta erwähnen; Shadwell läßt in *The Lancashire Witches* die Gevatterin Demdike vom Fett eines ›ungetauften Balgs‹ berichten. Dennoch ist kaum anzunehmen, daß nennenswerte Mengen einer Droge über die Haut zugeführt wurden, da eine hochgradige Konzentration von Rauschgift in Salben sehr schwer zu erzielen ist. Der eigentliche Effekt ergab sich auf Grund der hohen Einbildungskraft der betreffenden Personen, die in vielen Fällen wahrscheinlich psychopathisch veranlagt oder geistesgestört waren.

Eine weitverbreitete, leicht erhältliche Substanz ist zum Beispiel Belladonna *(atropa belladonna* mit dem Bestandteil Atropin), das in der Tollkirsche enthalten ist. Diese Droge ist ein starkes Gift, das lokal auf die sensorischen Nervenenden und außerdem auf das Zentralnervensystem einwirkt. So schreibt Professor W. E. Dixon in seinem *Manual of Pharmacology* (1925), daß sich »nach Einnahme einer hohen Dosis Erregung, Unruhe, Schwindel, Redseligkeit, Gelächter und Sehstörungen einstellen, die allgemein zu Halluzinationen angenehmer Art führen«. Der wohlbekannte Effekt der Pupillenerweiterung erleichtert möglicherweise das Zustandekommen solcher Halluzinationen – dem sogenannten Wahrnehmen von Visionen. Bilsenkraut *(hyoscyamus niger)* enthält ebenfalls stark wirkende Alkaloide oder aktive Substanzen. Shakespeare meinte mit »der Wahnsinnswurzel, die die Vernunft gefangennimmt« offensichtlich das Bilsenkraut. Es kann ebenfalls Sehstörungen und Halluzinationen hervorrufen. Die Wurzel des Eisenhuts *(aconitum napellus)* enthält neben Aconitin weitere Alkaloide, es wirkt auf die Nervenenden und ruft Prickeln, Empfindungslosigkeit und Betäubung hervor. Seine Absorbierung zeitigt deutliche Auswirkungen auf Herz und Atmung. Schierling *(conium maculatum)* kann zum Verlust der Muskelkraft und schließlich zu allgemeiner Lähmung führen. Man nimmt an, daß das Gift, das Sokrates nahm und dessen Folgen Plato beschrieb, Schierling war.

Die Liste der Drogen ließe sich mühelos verlängern. Was hier erwähnt wurde, reicht jedoch schon, um zu unterstellen, daß die den Hexen zur Verfügung stehenden Mittel alles andere als harmlos waren. Wir haben es hier mit einem Gebiet zu tun, dem die Wissenschaft bislang nur ungenügende Aufmerksamkeit gewidmet hat.

Dr. H. J. Norman, *The Lancet* (1933)

Rechts oben Hexen finden sich zur »Behandlung« mit Zauberkräutern am Bett einer Genossin ein.

Wer die Wurzel des Liebstöckel in der Karfreitagsnacht trägt, der, so heißt es im Volksglauben, soll alle Hexen erkennen können. Aus »Historia und Beschreibung ... aller Erdgewechsen« von L. Thurneysser zum Thurn, Berlin 1578.

Die Inquisition

Die Grausamkeit der Foltern, mit denen man »Geständnisse« erpreßte, wären heute kaum noch vorstellbar – gäbe es nicht Dokumentar- und Bildbeweismaterial. Die Angeklagten wurden so lange als schuldig betrachtet, bis sie ihre Unschuld beweisen konnten. Aussagen, die auf Hörensagen beruhten, waren zugelassen, die Zeugen brauchten den Angeklagten ihre Identität nicht preiszugeben; die Angeklagten konnten keine Verteidiger ernennen. Es wurde obendrein erwartet, daß die Angeklagten in ihrem »Geständnis« andere Personen belasteten. Dessen ungeachtet hatten sie ihr Leben verwirkt, ihr Besitz wurde von der Inquisition konfisziert.

Der Tod war unvermeidlich, und wenn ein Angeklagter tatsächlich einmal dem Galgen oder dem Scheiterhaufen entging, dann war dies garantiert auf Bestechung oder den Einspruch einflußreicher Freunde zurückzuführen.

Es liegt auf der Hand, daß die Inquisition in den katholischen Ländern am mächtigsten war, doch bald fanden die Argumente der Inquisition auch in den protestantischen Hochburgen Gehör. Auch dort forderten Aberglaube, Furcht und Folter ihre Opfer.

Nachträglich erhebt sich die Frage, warum die Bulle von Innozenz VIII. so sklavisch befolgt wurde. Seine Autorität war alles in allem auch für damalige Verhältnisse recht anfechtbar. Der Papst hielt sich eine Mätresse, mit der er zwei Kinder zeugte; während seiner letzten Lebensjahre machte er Verjüngungskuren unter anderem mit Knabenblut (drei Knaben verloren ihr Leben dadurch), als Nahrung trank er Ammenmilch.

Die Zahl der Anhänger der alten Wicca-Religion ging angesichts der immer mächtiger werdenden christlichen Kirche unaufhaltsam zurück. Die kirchliche Obrigkeit lehnte jede Form außerchristlichen Gottesdienstes ab. Daher galten jene, die wirklich oder vermeintlich dem Hexenkult huldigten, als Ketzer, und die mußten erbarmungslos verfolgt werden.

Vom 10. Jahrhundert an verbot und bekämpfte die katholische Kirche den Hexenkult innerhalb ihres Machtbereichs aufs strengste. Mehrere Päpste veröffentlichten Erlasse (auch päpstliche Bullen genannt) gegen das Hexenwesen und schürten so das Feuer der Intoleranz. Die Hexenverfolgungen begannen, die berüchtigte Inquisition wurde in größerem Maße aktiv.

Rechts Darstellung der Strafen für die Opfer der Hexenverfolgung in Deutschland: Verbrennen, Hängen, Blenden, Aufschlitzen, Rädern, Auspeitschen, Enthaupten, Handabhauen.

Sitzung des Inquisitionstribunals. Die Zeugen der Anklage stehen rechts vom Inquisitor. Die Zeugen durften in der Regel maskiert erscheinen, damit ihre Opfer sie nicht erkennen konnten.

Oben Praktiken der Inquisition: Der Angeklagte wird zunächst nur von einem Inquisitor verhört, unter Anwendung »milderer« Foltermethoden – wie zum Beispiel das Aufhängen an den Daumen (links).
Prügeln und Auspeitschen der Verdächtigen gingen jedem Verhör durch das Tribunal voraus. Dabei wurde keine Rücksicht auf das Geschlecht der Gefangenen genommen (Mitte).
Nur die verstocktesten Gefangenen – und insbesondere die Reichen und die Adeligen – wurden aufs Rad geflochten (rechts).

Flugblatt, das die Bestechlichkeit der Richter anprangert.

Die erste päpstliche Bulle, die die Arbeit der Inquisition unmittelbar unterstützte, war die Bulle von Papst Gregor IX. aus dem Jahre 1233. So richtig angefacht aber wurde die Hexenverfolgung durch die Bulle von Innozenz VIII. aus dem Jahre 1484. Joseph Hansen schreibt in seiner Studie über diese Epoche: »Sie (die Bulle) diente zur Rechtfertigung gnadenloser Verfolgung... sie zwang die europäische Rechtsprechung fast drei Jahrhunderte lang, den Teufel zu bekämpfen, um die Menschheit aus seinen Klauen zu retten.«

Die Bulle bestimmte, daß Ketzerei und Zauberei untrennbar miteinander verbunden seien: »Wer auch immer etwas anderes glaubt, ist eine Hexe; und wer eine Hexe ist, ist ein Ketzer oder ein Verbündeter des Teufels.« Die Bulle genehmigte die Einrichtung von Gerichtshöfen speziell für Hexenprozesse und bestätigte den Vorrang der Inquisition vor weltlichen Behörden. Die Folter wurde erlaubt, um Geständnisse zu erzwingen und die Hinrichtung zur einzig gerechten Strafe deklariert.

Das »Handbuch« der Inquisition war zweifelsohne der *malleus maleficarum* oder Hexenhammer, ein Werk der beiden deutschen Hexenjäger Jakob Sprenger und Heinrich Institoris. Es erschien im Jahre 1487.

Die Zahl der Toten, die auf das Konto der Inquisition geht, läßt sich heute nicht mehr mit Sicherheit beziffern. Man kann sich jedoch in etwa eine Vorstellung machen, wenn man folgende Zahlen zugrunde legt: Im Jahre 1627 wurden in einer kleinen Stadt wie Würzburg 157 Männer, Frauen und Kinder verbrannt; 1507 endeten in einer baskischen Stadt 30 Hexen auf dem Scheiterhaufen; in Frankreich fanden unter der Herrschaft Heinrichs III. mindestens 30000 Hinrichtungen statt.

Die Inquisitoren mißbrauchten ihre Vollmachten auf das scheußlichste. Männer, Frauen und sogar kleine Kinder konnten unter dem geringsten Vorwand oder auf Grund des lächerlichsten Gerüchts vor ein Inquisitionstribunal geschleppt werden.

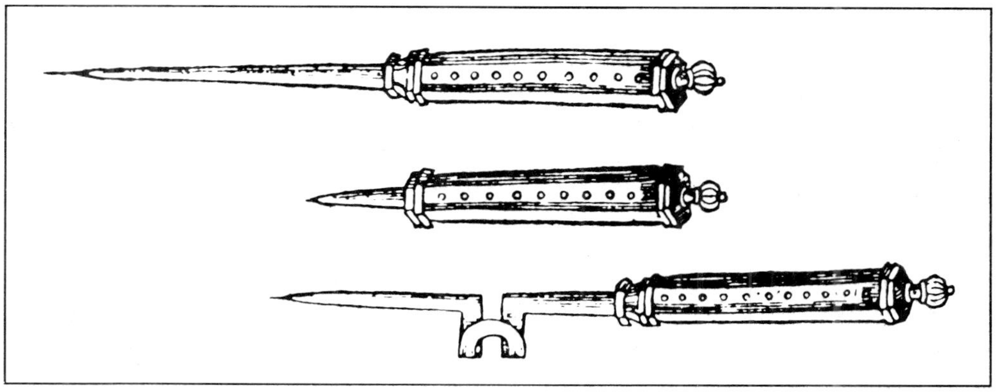

Oben Der »Hexenstecher« – das Folterinstrument, mit dem die Folterer am Körper der – vorzugsweise weiblichen – Verdächtigten nach Teufelsmalen suchten. Links und in der Mitte zwei Stecher mit beweglichen Klingen, die in den Griff zurückglitten, damit das Opfer nicht aufschrie, wenn man in eine Warze oder ein Muttermal stach.

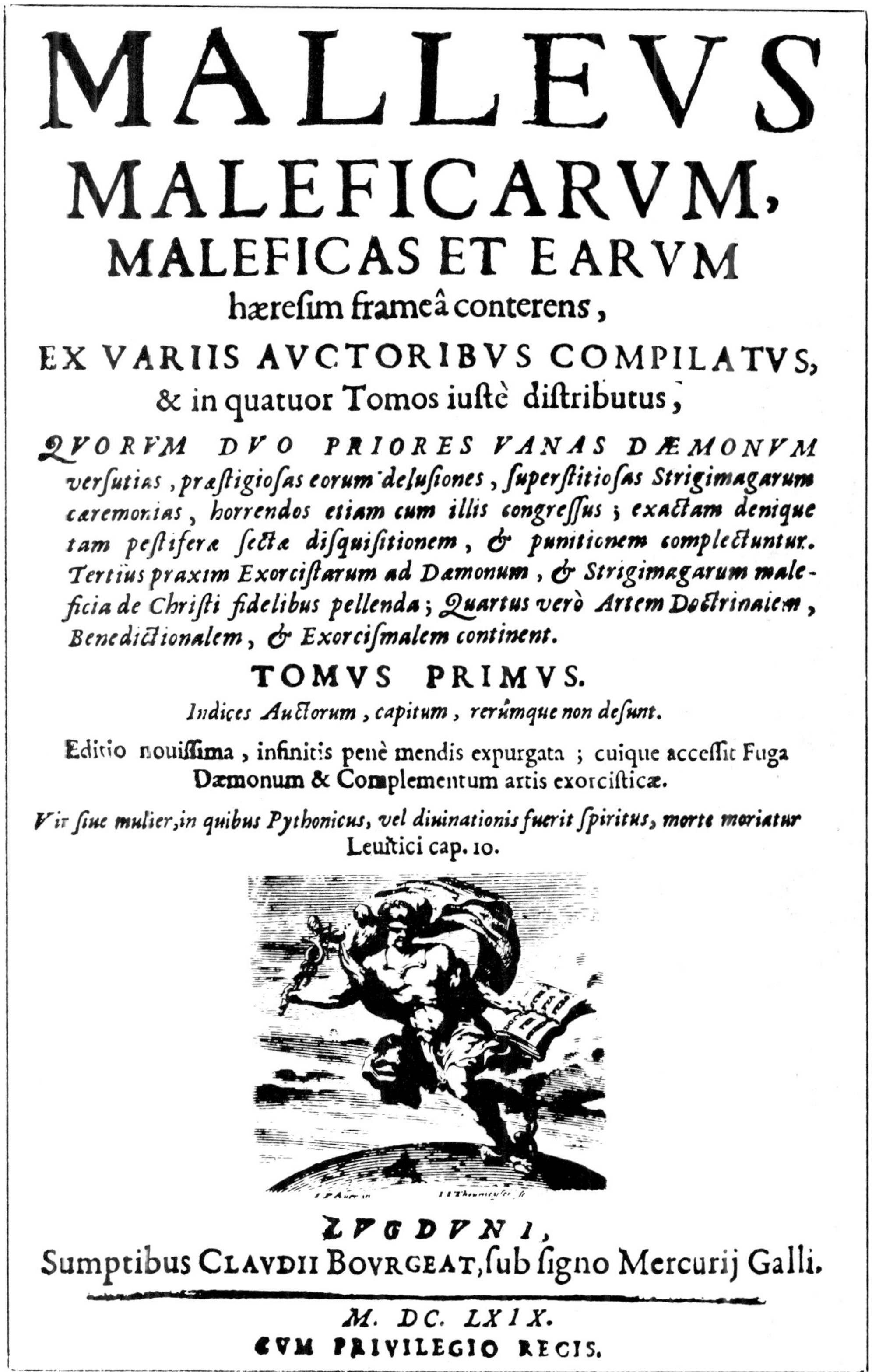

MALLEVS
MALEFICARVM,
MALEFICAS ET EARVM
hæresim frameâ conterens,
EX VARIIS AVCTORIBVS COMPILATVS,
& in quatuor Tomos iustè distributus,
QVORVM DVO PRIORES VANAS DÆMONVM versutias, præstigiosas eorum delusiones, superstitiosas Strigimagarum cæremonias, horrendos etiam cum illis congressus; exactam denique tam pestiferæ sectæ disquisitionem, & punitionem complectuntur. Tertius praxim Exorcistarum ad Dæmonum, & Strigimagarum maleficia de Christi fidelibus pellenda; Quartus verò Artem Doctrinalem, Benedictionalem, & Exorcismalem continent.
TOMVS PRIMVS.
Indices Auctorum, capitum, rerúmque non desunt.
Editio nouissima, infinitis penè mendis expurgata; cuique accessit Fuga Dæmonum & Complementum artis exorcisticæ.
Vir siue mulier, in quibus Pythonicus, vel diuinationis fuerit spiritus, morte moriatur Leuitici cap. 10.
LVGDVNI,
Sumptibus CLAVDII BOVRGEAT, sub signo Mercurij Galli.
M. DC. LXIX.
CVM PRIVILEGIO REGIS.

Titelseite des berüchtigten »Malleus Maleficarum« (Hexenhammer), der eine beispiellose Schreckensherrschaft einleitete und dazu diente, Tausende von Hinrichtungen zu rechtfertigen.

Die Bannbulle von Papst Innozenz VIII.

Innozenz, Bischof, Diener der Diener Gottes, zum ewigen Angedenken, wünscht mit tiefster Besorgnis, wie es die geistliche Fürsorge verlangt, daß der katholische Glaube, besonders in unserer Zeit, überall wachse und gedeihe und daß alle ketzerische Verderbtheit aus den Landen der Gläubigen vertrieben werde. Mit großer Freude erklären und wiederholen wir jene besonderen Wege und Methoden, durch die diese christliche Aufgabe erfüllt werden kann; damit, wenn aller Irrglaube durch unsere Mühen ausgerottet ist wie von der Hacke eines fürsorglichen Landmanns, die Inbrunst und Hingabe an unseren Glauben die Herzen der Gläubigen noch stärker erfülle.

Zu unserem großen Bedauern ist uns kürzlich bekannt geworden, daß sowohl in einigen Teilen Norddeutschlands, als auch in den Provinzen, Städten, Gebieten, Distrikten und Diözesen von Mainz, Köln, Trier, Salzburg und Bremen viele Personen beiderlei Geschlechts, ihres eigenen Heils nicht achtend und von ihrem katholischen Glauben abweichend, sich mit Teufeln, Inkuben und Sukkuben der Schande preisgegeben haben und durch Anrufungen, Zaubersprüche, Beschwörungen und anderen verdammenswerten Aberglauben und schreckliche Verwünschungen, Frevel und Untaten die Kinder der Frauen und das Jungvieh vernichtet, die Früchte der Erde, die Trauben des Weinstocks und die Früchte der Bäume verdorben und zerstört haben; ja, sogar Männer und Frauen, das Zug- und Schlachtvieh sowie alle möglichen anderen Tiere, ebenso Weingärten, Obstgärten, Wiesen, Weiden, Korn, Weizen und andere Getreide. Darüber hinaus belegen und quälen diese Elenden Männer und Frauen, Zugvieh und Getier aller Art mit Schmerzen und Krankheit, sowohl innerlich als auch äußerlich; sie verhindern die Zeugung durch den Mann und die Empfängnis der Frau; so daß weder die Ehemänner mit ihren Frauen, noch die Frauen mit ihren Ehemännern den Geschlechtsakt vollziehen können.

Darüber hinaus schwören sie blasphemisch dem Glauben ab, den sie durch das Sakrament der Taufe empfangen haben, und angetrieben vom Teufel scheuen sie sich nicht, die widerlichsten Untaten und Auswüchse unter Gefahr für das eigene Seelenheil zu begehen, wodurch sie die Majestät Gottes beleidigen, zu Skandal Anlaß geben und anderen ein schlechtes Beispiel sind.

Und obgleich unsere geliebten Söhne Heinrich Kramer (Institoris) und Jakob Sprenger, Professorgen der Theologie, Mitglieder des Ordens der Dominikaner, durch apostolischen Erlaß als Inquisitoren dieser ketzerischen Untaten eingesetzt worden sind, der erste in den obengenannten Teilen von Norddeutschland, einschließlich der obengenannten Örtlichkeiten, und der zweite in gewissen Gebieten, die an den Rhein grenzen, haben nicht wenige Geistliche und Laien jener Länder versucht, mehr zu wissen als ihnen zukommt, da die oben erwähnten apostolischen Erlasse nicht ausdrücklich und einzeln jede der aufgeführten Örtlichkeiten bei Namen nennen; und des weiteren, da diese beiden Delegierten selbst und die Abscheulichkeiten, die sie erwarten, nicht besonders und nachdrücklich bezeichnet werden, schämen sich jene Personen nicht, beharrlich zu behaupten, daß diese Entsetzlichkeiten in ihren Provinzen nicht verübt würden, und daß daher die obengenannten Inquisitoren in den erwähnten Orten kein gesetzliches Recht besäßen, ihr Amt auszuüben und somit nicht zur Bestrafung, Inhaftierung und Besserung der der beschriebenen Missetaten und Frevel für schuldig Befundenen schreiten dürften. Demgemäß bleiben in den obengenannten Orten die besagten Abscheulichkeiten und Entsetzlichkeiten unbestraft, unter nicht zu übersehender Gefahr für die Seelen der Betreffenden und des Verlusts der ewigen Erlösung.

Aus diesem Grunde erklären und befehlen wir, wie es unsere Pflicht ist, bestimmt von dem Wunsche, jede Behinderung und jedes Hindernis, die die Arbeit der Inquisitoren beeinträchtigen mögen, zu beseitigen, und auch um mit wirksamen Mitteln die Seuche der Ketzerei und andere Schändlichkeiten daran zu hindern, sich auszubreiten und unschuldige Seelen zu zerstören, daß den obengenannten Inquisitoren die Macht verliehen werde zur Korrektur, Inhaftierung und Bestrafung jeglicher der genannten Abscheulichkeiten und Entsetzlichkeiten überführten Personen zu schreiten, und zwar ohne jede Behinderung, so als ob die Orte, ja selbst die Personen und ihre Verbrechen in unseren Briefen namentlich erwähnt und beschrieben wären.

Des weiteren dehnen wir zur größeren Sicherheit diese Ermächtigungsbriefe auf alle obengenannten Provinzen, Personen und neu begangenen Verbrechen aus, und wir geben den obengenannten Inquisitoren, einzeln und zusammen, so wie auch unserem geliebten Sohn Johannes Gremper, Pfarrer der Diözese Konstanz, Magister der philosophischen Fakultät, ihren oder anderen öffentlichen Notaren, die einem von ihnen oder allen in ihrem Amt als zeitweilige Bevollmächtigte in den genannten Orten und Gebieten zur Seite stehen, die Erlaubnis, entsprechend den Vorschriften der Inquisition gegen solche Personen, welchen Ranges und hohen Standes sie auch sein mögen, vorzugehen, und je nach Art des Verbrechens zurechtzuweisen, zu bestrafen, zu inhaftieren und mit einer Geldstrafe zu belegen, wen sie für schuldig befunden haben.

Weiterhin soll ihnen vollständigste Gelegenheit gegeben werden, das Wort Gottes zu predigen und den Gläubigen auszulegen, so oft sich dazu Gelegenheit bietet und es ihnen angebracht erscheint, und zwar in jeder Kirche der genannten Provinzen, und sie wollen ungehindert und vom Gesetz geschützt alle Riten oder Geschäfte ausführen, die in den obengenannten Fällen notwendig erscheinen. Kraft unserer höchsten Autorität gewähren wir ihnen wiederholt volle und vollständige Machtbefugnis.

Und durch apostolischen Erlaß beauftragen wir unseren ehrwürdigen Bruder, den Bischof von Straßburg, damit, daß er den Inhalt unserer Bulle selbst verkünde und feierlich öffentlich bekanntmache, so oft und wenn er es für nötig hält, oder wenn er darum von einem der Inquisitoren ersucht werden sollte. Noch soll er erlauben, daß diese durch irgendeine andere, dem Wortlaut der vorliegenden Briefe ungehorsamen Autorität belästigt oder behindert werden, sondern er soll all denen, die die Inquisitoren behindern oder belästigen, allen Rebellen jeglichen Standes, ungeachtet der Privilegien oder besonderen Freiheiten, die diese für sich in Anspruch nehmen mögen, mit der Exkommunikation, der Suspension, dem Interdikt drohen, oder noch schrecklicheren Verweisen, Strafen und Bestrafungen, so wie er es für richtig hält, ohne Anspruch auf Berufung und auch, Kraft unserer Vollmacht, so oft zu diesen Entscheidungen zu gelangen und sie aufzuführen, wie es ihm beliebt, wenn nötig mit der Hilfe der weltlichen Obrigkeiten.

Möge diesen apostolischen Briefen und Verordnungen kein Hindernis entgegengesetzt werden. Möge niemand diesem Erlaß, der unsere Machtbefugnis und Befehlsgewalt erweitert, unbesonnenen Widerstand leisten. Und wer dies dennoch wagen sollte, der wisse, daß ihn der Zorn Gottes des Allmächtigen und der gesegneten Apostel Peter und Paul treffen wird.

Erlassen zu Rom in Sankt Peter, am 5. Dezember im Jahre des Herrn 1484, im ersten Jahr unseres Pontifikats.

Papst Innozenz VIII. Er unterzeichnete die verhängnisvolle Bannbulle »Summis desiderantes affectibus« (vom 5. Dezember 1484). Mit ihrer Hilfe wurde in Deutschland endgültig der Widerstand gegen die Inquisition und ihre Repräsentanten, die »geliebten Söhne Heinrich Institoris und Jakob Sprenger« gebrochen.

INNOCENTIVS·VIII·PAPA·GENVENSIS·
fu fatto del 1484 uise ani 7 mesi o giorni 10

Abbildungen aus Samuel Clarks Werk über die Inquisition, »Martyrology« (1651), das die verschiedenen Foltermethoden der Inquisitionstribunale fast komplett aufführt.

Eine der schrecklichsten Foltermethoden der Inquisition – »Das Befragen durch Wasser«. Der Verdächtige wurde auf eine Bank geschnallt und gezwungen, große Mengen Wasser zu trinken, was zu Krämpfen und starken Schmerzen führte.

Für diejenigen, die die Foltern überlebten, weil sie gestanden, war der Tod am Galgen dennoch Gewißheit. Viele Gefangene starben aber schon unter der Hand der Folterer einen qualvollen Tod.

Die Hexenjäger

Ganz Europa begab sich auf Hexenjagd – allerdings in geographisch und zeitlich verschobenen Phasen. Frankreich machte den Anfang. Spanien und Italien schlossen sich als nächste Länder an, während Skandinavien und die Länder Osteuropas dem Hexenwahn in wesentlich geringerem Maße erlagen. In Holland und Großbritannien kam es erst spät zu Hexenverfolgungen – nach der Reformation.

Das Gewerbe der »Hexenverfolgung« setzte Richter, Gefängniswärter, Folterknechte, Exorzisten, Schreiber und Henker in Amt und Brot, und die – meist selbsternannten – Hexenjäger durchreisten mit ihrem Gefolge die Lande. Ihre Jagdgründe waren vorwiegend kleine Städte und Dörfer. Die geringste Anspielung oder das unbedeutendste Gerücht genügten, um Männer und Frauen im Handumdrehen an den Galgen oder auf den Scheiterhaufen zu bringen. Niemand wagte es, ihnen Widerstand zu leisten (Opposition war ein Zeichen, daß der Betreffende selber mit dem Teufel im Bunde stand). Da die örtlichen Behörden ein Honorar für jede überführte Hexe zahlten, gingen die Hexenjäger ihrem grausamen Handwerk selbstverständlich mit dem größten Eifer nach.

Hexenjäger machen verschiedene »Hexenproben«. Deutscher Stich, 1509.

Links Hexe vor der Wasserprobe: Vor versammeltem Publikum wird die Verhaftete zunächst nackt ausgezogen.

Rechts Die »Wasserprobe« war eine der beliebtesten Foltermethoden der Hexenjäger. Die Abbildung aus dem 16. Jahrhundert ist eine der ersten, die das Opfer auf einem Stuhl festgebunden zeigt.

Der Historiker C. L'Estrange Ewen hat die Ankunft eines Hexenjägers in Newcastle-upon-Tyne geschildert: »Nachdem der Hexenjäger in der Stadt angekommen war, schickte die Magistratur den Stadtboten mit seiner Glocke durch die Straßen, um zu verkünden, daß ein jeder, der eine Frauensperson der Hexerei zu beschuldigen wünsche, dies nun tun solle. Dreißig Frauen wurden aufs Rathaus geschleppt, dort nackt ausgezogen und vor aller Augen mit Nadeln in den Körper gestochen. Die meisten wurden für schuldig befunden.«

Die wirkungsvollste Arbeitsmethode der Hexenjäger war die Folter. Abgesehen von dem üblichen Streckbrett, der Auspeitschung und Prügelung, der Anwendung von Daumenschrauben und Knochenbrechern, benutzten die Hexenjäger auch ein Messer, das als »Hexenstecher« traurige Berühmtheit erlangte.

Man glaubte, daß alle Hexen an ihrem Körper ein Mal hätten, das vom Teufel stamme und gegen Schmerzen unempfindlich sei. Um dieses Mal zu finden, zog man die Betreffende aus, rasierte alle ihre Haare ab und überprüfte ihren Körper Zentimeter für Zentimeter mit dem »Hexenstecher«. Eine gewöhnliche Messerklinge hätte natürlich das Opfer bei jedem Stich (besonders an Stellen mit Warzen, Leberflecken oder Muttermalen, die häufig als Teufelszeichen ausgelegt wurden), zum Schreien gebracht. Doch der Hexenstecher besaß eine besonders gefederte Klinge, die in den Griff des Messers zurückglitt. Auf diese Art schien das Messer ins Fleisch einzudringen, ohne daß das Opfer einen Laut von sich gab. Der Umstand, daß die Hexe nicht aufschrie, wurde als Schuldbeweis gewertet.

Eine andere Methode, die zur Erpressung von Geständnissen angewendet wurde, war das »Untertauchen« oder »Schwimmenlassen«. Beim »Untertauchen« setzte man die Angeklagte auf einen Stuhl und tauchte sie so lange unter Wasser, bis sie gestand oder ertrank. Beim »Schwimmenlassen« warf man die an Händen und Füßen gefesselte Angeklagte in einen Teich oder Fluß: Ging sie nicht unter, hielt sie der Teufel über Wasser, und sie stand deshalb eindeutig mit ihm im Bunde – ertrank sie aber, so war wenigstens ihr Andenken frei von Schuld.

Die Mehrzahl der Gequälten zog den Tod jedem Versuch, ihre Unschuld zu beweisen, vor.

Rückblickend kann ohne Zögern behauptet werden, daß diejenigen, die im Zusammenhang mit den Hexenverfolgungen eine Beschäftigung gefunden hatten, großes Interesse an deren Fortbestehen hatten.

Natürlich gab es einige wenige, die ihre Stimme gegen dieses wahllose Blutvergießen erhoben. Sie mußten sich des besten Rufes erfreuen, wollten sie nicht selbst der Verfolgung anheimfallen. Zu diesen wenigen zählte der Jesuit Friedrich von Spee, der im Jahre 1630 schrieb: »Oft scheint mir der einzige Grund, warum wir nicht alle Hexen sind, der zu sein, daß wir nicht gefoltert worden sind. So ist es wahr, daß sich ein Inquisitor kürzlich gerühmt hat, auch den Papst, würde ihm dieser vorgeführt, zwingen zu können, als Hexer geständig zu werden.«

Ein anderer Theologe jener Zeit, Kanonikus Loos, wies mit großer Einsicht darauf hin, daß dieser »Krieg«, den man im Namen der christlichen Ideale führte, in Wirklichkeit von handfesten materiellen Interessen bestimmt war.

Links Eine Hexe, die das Wasser scheinbar trägt. Im Detail eingearbeitet: das Fesselungsschema. Ein deutscher Stich aus dem 17. Jahrhundert.

Rechts oben »Wasserprobe« auf einfache Art: Die Hexe wurde an ein Seil gebunden und in einen Teich geworfen. Ging sie nicht unter, stand sie ganz offensichtlich mit dem Teufel im Bund; versank sie dagegen, war es zwar um ihr Leben geschehen, ihre Unschuld war aber wenigstens nachträglich bewiesen.

Rechts unten Ertragreiches Ende der Arbeit für zwei Hexenjäger: Ein englischer Hexenjäger empfängt seinen Lohn von einem örtlichen Schreiberling, während vier der von ihm angeklagten Frauen gehängt werden und drei weitere auf ihre Hinrichtung warten. Eine Federzeichnung aus dem 17. Jahrhundert.

Links Hexenwaage zu Oudewater, Holland. Zeichnung von Fritz Berger.

Gerüchte, daß Mönche beim Anblick der zum peinlichen Verhör entkleideten »Hexen« unterdrückte Sexualgefühle abreagierten, haben sich bis zum heutigen Tag gehalten.

»Die Entlarvung der Hexen« von Matthew Hopkins, General der Hexenjäger

Frauenzimmern, die verdächtigt werden, Hexen zu sein, darf nach ihrer Verhaftung nicht erlaubt werden, nach Hause oder andererorts zu gehen, um Bürgschaft zu suchen; denn es ist zu befürchten, daß sie dortselbst einen Rachefluch aussprechen. Diesbezüglich empfiehlt Jean Bodin in seinem Werk *De la Démonomanie des Sorciers* (1580) sehr den schottischen Brauch und das in diesen Sachen angewandte Verfahren; dort eben (so sagt er) stellt man ein hohles Holzstück oder einen Kasten in die Kirche, in den ein jeder nach Belieben ein kleines Pergament wirft, worauf der Name einer Hexe steht, die Zeit, der Ort, die Missetat etc. Und der Kasten ist von drei Inquisitoren oder für diesen Zweck bestellten Amtspersonen unter Verschluß zu halten; und diese haben jeder einen Schlüssel. Und so braucht der Ankläger weder bekanntzuwerden, noch die Scham des Vorwurfs der Verleumdung seiner armen Nachbarin oder der böswilligen Absicht zu ertragen.

Item: Man überrede alle Männer, Frauen und Kinder sehr nachdrücklich, alte Weiber der Hexerei anzuklagen.

Item: Man verspreche geständigen Hexen, die auch andere mitanzeigen, Straffreiheit und manche Gunst; andernfalls drohe man ihnen und gebrauche Gewalt.

Item: Die Kinder von Hexen, die nicht gestehen wollen, müssen verhaftet werden; denn wenn man sie geschickt behandelt (sagt Bodin), werden sie gegen ihre eigenen Mütter aussagen.

Item: Hexen sollten so plötzlich und überraschend wie möglich verhört werden; dieses wird sie in solches Erstaunen versetzen, daß sie jedwedes Geständnis ablegen werden, in dem Glauben, der Teufel habe sie verlassen; kämen sie dagegen zuerst ins Gefängnis, würde der Teufel sie dort besuchen und sie beraten.

Item: Der Inquisitor, Richter oder Untersuchende muß mit den unbedeutenden Fragen beginnen.

Item: Man stelle fest, ob ihre Eltern Hexen gewesen sind oder nicht; denn Hexen (so sagen die gelehrten Herren) pflanzen sich untereinander fort. Und Bodin beschreibt einen Grundsatz der Hexerei wie folgt: *Si saga sit mater, sic etiam est filia;* wie sehr es das Gesetz auch verbieten möge: *Ob sanguinis reverentiam.*

Item: Der Untersuchende muß den Hexen fest in die Augen schauen; denn sie können einem Mann nicht direkt ins Angesicht sehen (wie Bodin bestätigt, obwohl er an anderer Stelle sagt, daß ihr Blick Mensch und Tier Tod und Verderben bringt).

Item: Sie muß über alle Anklagen, Behauptungen und Missetaten sofort verhört werden; damit es Satan später nicht gelinge, ihr ein Geständnis auszureden.

Item: Eine Hexe soll nicht allein im Kerker sein, damit sie der Teufel nicht von ihrem Geständnis abhalte, indem er ihr Straffreiheit verspricht. Denn (so sagt Bodin), manch eine, die im Gefängnis war, habe versucht davonzufliegen, so wie es der Hexen Brauch ist, wenn sie sich mit Diana und Minerva etc. treffen, und habe sich so den Hals an den steinernen Mauern gebrochen.

Item: Sollte eine Hexe ihr ohne Folter abgelegtes Geständnis widerrufen, so ist sie trotzdem auf Grund dieses Geständnisses zu verurteilen, wie bei jedem anderen Verbrechen auch.

Item: Der Richter tue so, als ob er Mitleid habe, damit er ihr Gefühl bewege; er sage, daß nicht sie, sondern der Teufel die Mordtat begangen habe, und daß Satan sie gezwungen habe, diese auszuführen; und er mache sie glauben, daß er sie für unschuldig halte.

Item: Wenn die Hexen nicht auf dem Streckbrett oder unter der Folter gestehen, nehme man ihnen die Kleider weg und rasiere mit einem scharfen Messer jedes Haar von ihrem Körper.

Item: Wahren sie durch Zauberei das Schweigen, so daß sie die gewöhnliche Folter nicht verspüren und nichts gestehen, dann stoße man ihnen einen scharfen Gegenstand zwischen Nagel und das Fleisch eines jeden Fingers und Zehs; ein Mittel, das König Childebert (wie Bodin sagt) verwendete und das bis auf den heutigen Tag von allen Mitteln das wirksamste ist. Denn unter äußersten Schmerzen (sagt er) gestehen sie alles.

Item: Paulus Grillandus, seit langem auf diesem Gebiet erfahren, empfiehlt, daß man das *Domine labia meas aperies* sage, wenn die Hexe schläft und ihr die Folter keine Pein verursacht, und sodann wird sie (so sagt er), sowohl die Marter fühlen als die Wahrheit sagen.

Item: Bodin sagt, man solle das Verhör mit scheinbar großem Aufwand beginnen, um die Hexe in Schrecken zu versetzen; und daß man eine Anzahl von Instrumenten, Fesseln, Handschellen, Stricken, Strängen, Ketten etc. vorbereite, herbeibringe und vor der Angeklagten ausbreite; und des weiteren, daß man jemanden verdinge, schreckliche und jammervolle Schreie in der Folterkammer auszustoßen, so als ob er oder sie auf dem Streckbrett lägen oder sich in den Händen des Folterknechts befänden; so daß die Angeklagte dies zu hören vermag während sie verhört wird, und ehe sie in den Kerker geworfen wird; wahrscheinlich wird sie (so sagt er) mit Hilfe dieser Mittel ein Geständnis ablegen.

Item: Man besteche einen schlauen Spion, der mit der Angeklagten scheinbar wegen der gleichen Sache im Kerker ist; und der ihr vielleicht im vertraulichen Gespräch den Mut nimmt und sie verrät und entdeckt.

Item: Wenn sie nicht gestehen will, soll man ihr sagen, sie sei überführt und von ihren Gefährtinnen mitangeklagt; auch wenn dies nicht die Wahrheit ist; dann wird sie vielleicht gestehen, um sich besser an ihren Gegnern und Anklägern rächen zu können.

Item: Wenn ein altes Weib jemandem, der sich voller Gesundheit erfreut, droht oder ihn berührt und dieser kurz darauf verstirbt; oder wenn er dem Aussatz, Schlagfluß oder einer sonstigen seltsamen Krankheit erliegt, dann ist dies (so sagt Bodin), ein verläßliches Zeichen und reicht ohne weitere Beweise zur Verurteilung und Hinrichtung aus, besonders wenn jemand die Alte schon vorher verdächtigte und gesagt hat, sie sei eine Hexe.

Item: Kommt eine Hexe in ein Haus oder Zimmer, oder verläßt sie es bei geschlossenen Türen, so ist dies ein deutlicher und ausreichender Beweis, eine Hexe ohne weiteres Gerichtsverfahren zu verurteilen.

Item: Sollte ein Weib jemanden anders verhexen, ist sie ohne weitere Beweise hinzurichten.

Item: Sollte eine das Vieh verzaubern oder verhexen, durch die Luft kommen oder fliegen, oder einen Hund sprechen machen, oder jemandem irgendwelche Körperteile abhacken, um sie wieder zu Menschen- oder Kinderleibern zu vereinen, dann sind das ausreichende Beweise für eine Verurteilung.

Item: Behauptungen und Mutmaßungen sind ausreichende Beweise gegen Hexen.

Item: Wenn drei Zeugen übereinstimmend sagen, diese Frau ist eine Hexe: dann ist das ein klarer Fall, und sie ist mit dem Tode zu bestrafen. Diese Sache, sagt Bodin, ist nicht nur im kirchlichen und im weltlichen Gesetzbuch eindeutig niedergelegt, sondern auch nach Meinung von Papst Innozenz, dem weisesten Papst (so sagt er), der je gelebt hat.

Item: Die Anklage eines jeden Ehrenmannes genügt, um ein armes Frauenzimmer auf das Streckbrett oder an den Flaschenzug zu bringen.

Item: Das Zeugnis einer vorbestraften oder ehrlosen Person ist gültig und zulässig in Sachen der Hexerei.

Item: Eine Hexe ist nicht freizulassen, selbst wenn sie die Folter übersteht und nicht gestanden hat; so wie es bei anderen Verbrechen üblich ist.

Item: Wiewohl das Zeugnis vieler Weiber zuweilen nicht zugelassen wird, als ungenügend vor dem Gesetz; wegen der Dummheit und Schwäche ihrer Natur und ihres Geschlechts; so mag in dieser Angelegenheit ein Frauenzimmer dennoch zur Anklage und Verurteilung einer Hexe benutzt werden.

Der berüchtigste aller englischen Hexenjäger, Matthew Hopkins, der sich selbst zum »General der Hexenjäger« ernannte. Ein zeitgenössisches Porträt.

Item: Ein Zeuge, der nicht vorgeladen ist, aber sich bereit erklärt auszusagen, muß in dem Verfahren und keinem anderen gehört werden.

Item: Selbst ein Todfeind der Hexe (da man dessen Feindschaft selbst als das Ergebnis von Hexerei betrachten muß) mag diese anzeigen; und keine Ausnahme soll für oder gegen ihn gemacht werden.

Item: Obwohl der Beweis des Meineids Zeugen von einem anderen Verfahren ausschließt, ist ein Meineidiger hier ein guter und gesetzlicher Zeuge.

Item: Die Anwälte und Verteidiger in diesen Verfahren sind aufgerufen, gegen ihre Klienten als Zeugen auszusagen, wiewohl sie dazu in keinem anderen Gerichtsverfahren gezwungen werden können.

Item: Niemand kann gegen Hexen, was ihre Zusammenkünfte anbelangt, aussagen, als Hexen allein; denn (wie Bodin sagt) niemand sonst weiß darum.

Hexenverfolgung in Frankreich

Daß die ersten Hexenverfolgungen und -prozesse in Frankreich stattfanden, dürfte nicht weiter überraschen angesichts der Tatsache, daß Frankreich seit der Besiedlung durch die Franken eine Brutstätte ketzerischer Sekten war, und daß das Salische Gesetz die Existenz von Zauberern bereits 424 n. Chr. anerkannte. In diesem nicht eben strenggläubigen Volk waren Sekten wie die Waldenser und die Albigenser, die in Südfrankreich entstanden, zu Hause.

Aus Südfrankreich stammen auch die ersten uns erhaltenen Berichte über den Sabbat – jene spezifische Hexenversammlung zur Anbetung des Teufels. Der früheste überlieferte Bericht stammt aus dem Jahr 1335 und beschreibt, wie Frauen in Toulouse von einem »großen, schwarzen Mann mit feurigen Augen« verführt und zu Versammlungen mitgenommen wurden, wo sie gemeinsam einen »Bock« anbeteten. Der Bock lehrte sie böse Künste, die sie später an ihren Nachbarn ausprobierten, um »soviel Schaden anzurichten wie möglich«. Die Frauen behaupteten außerdem, sich dem Teufel hingegeben und das Fleisch kleiner Kinder verspeist zu haben.

Hundert Jahre später haben die Berichte über den Verkehr mit dem Teufel beträchtlich an Details zugenommen.

Im Volksmund heißt es von nun an: »Möge ihn der Bock schamrot machen.« Jene phantastischen Diener des Bösen, der Inkubus und Sukkubus, die Männer und Frauen zu Ausschweifungen verführten, tauchen zu diesem Zeitpunkt auch erstmalig in den Aussagen auf; ebenso wie die berühmten »Teufelspakte«, in denen der Mensch seine Seele Satan verschrieb, als Gegenleistung für irdische Genüsse.

Die Titelseite der deutschen Fassung von »De la Démonomanie des Sorciers«, dem fanatischen Pamphlet des Jean Bodin über das Hexenwesen, 1580.

Frühe Darstellung eines französischen Hexenzirkels. Es kann sich hier entweder um eine Gruppe von Anhängern der alten Fruchtbarkeitsreligion gehandelt haben oder um eine »ketzerische« Sekte wie die Waldenser. Aus einer Handschrift aus dem Jahr 1460.

Links Urbain Grandier, Pfarrer von Loudun; er wurde 1633 von Nonnen der Hexerei verdächtigt. Die Geschichte seines Prozesses und seiner Hinrichtung durch Verbrennen bei lebendigem Leib gehört zu den bekanntesten Ereignissen in den Annalen des Hexenwesens.

Rechts Ein altfranzösischer Stich, der die mittelalterlichen Vorstellungen vom Verkehr mit dem Teufel zum Ausdruck bringt.

Rechts Die Albigenser bei einem ihrer Rituale. Sie wurden als »Ketzersekte« erbittert verfolgt.

Nicholas Rémy, seines Zeichens Staatsanwalt von Lothringen, der sich brüstete, 900 Hexen in weniger als zehn Jahren verbrannt zu haben.

Ein Druck, der wahrscheinlich den berühmtesten französischen Zauberer des 15. Jahrhunderts, Rinaldo des Trois Echelles, zeigt. Der Hexenmeister soll zum Zeitpunkt seiner Anklage »300000 Genossen« gehabt haben.

Eine Buhlteufelin, die sich an einem schlafenden Mann weidet und ihn zu Ausschweifungen verführt. Diese seltsamen Wesen treten erstmalig in französischen Berichten des 15. Jahrhunderts auf.

Die ersten Hexenprozesse (ab Ende des 14. Jahrhunderts) lassen auf eine große Anzahl von praktizierenden Hexen in Frankreich schließen – wenn man sich auf die erzwungenen Aussagen verlassen kann. Ein berühmter Hexer namens Rinaldo des Trois Echelles soll angeblich seinen Henkern kurz vor seinem Tod auf dem Scheiterhaufen zugerufen haben, »daß er 300000 Genossen habe, die man nicht alle wie ihn den Flammen überantworten könne«. Eine andere Zahlenangabe beruht auf der Aussage des Poeten Martin le Franc, der behauptete, daß über 10000 Personen an einem Sabbat in den Bergen um Briançon teilgenommen hätten. Von diesen gaben 600 Frauen an, mit dem Teufel Geschlechtsverkehr gehabt zu haben.

Einige der Anklagen der weltlichen Obrigkeit gegen Hexen hatten ausgesprochen politische Hintergründe, wenn es sich um Personen von Stand handelte. Dies trifft besonders auf die Prozesse im 15. Jahrhundert zu. Selbst die Kirche geriet gelegentlich unter Beschuß der weltlichen Obrigkeit. Da es in kirchlichen Kreisen nicht ausgesprochen sittenstreng zuging (Promiskuität und Korruption waren weitverbreitet unter den Mönchen und Nonnen), waren Fälle wie der des Priesters Urbain Grandier, den die Nonnen von Loudun 1633 wegen Hexerei anzeigten, keine Seltenheit.

Zwischen 1500 und 1670 scheint in Frankreich kaum ein Jahr ohne Hexenprozesse und anschließende Hinrichtungen vergangen zu sein. Die grausigsten Fälle ereigneten sich wahrscheinlich zwischen 1581 und 1591, als der Generalstaatsanwalt von Lothringen, Nicholas Rémy (»was nicht normal ist, kommt vom Teufel«), 900 Hexen verbrennen ließ, und dazu gehört der Flammentod von 600 Hexen, den der Richter Pierre de Lancre in Labourd im Jahre 1609 in weniger als vier Monaten veranlaßte. De Lancre (1553 bis 1631), der sowohl Hexenjäger als auch Richter war, wähnte die Welt voller Hexen und behauptete, allein in Labourd gebe es mehr als 30000 solcher Kreaturen.

Wahrscheinlich waren es just die Wahnideen der Dämonologen (ein anderer Autor, Jean Bodin, verfocht zum Beispiel in dem Werk *De la Démonomanie des Sorciers* [1580] die These, daß das Verbrennen einer Hexe über einem kleinen Feuer eine noch ungenügende Strafe sei, da es nur etwa eine halbe Stunde daure, bis der Tod eintrete!), die letzten Endes ihre eigenen Ziele zunichte machten und Ludwig XIV. veranlaßten, 1682 ein Edikt zu erlassen, das die Realität des Hexenwesens verneinte. Dieses Edikt erklärte kategorisch, daß »Hexerei ein beschämender und lächerlicher Zauberakt ist, den der Aberglaube aus Dummheit mit der Anrufung und den Kräften des Teufels in Verbindung bringt«.

Trotzdem setzte dieser Erlaß noch keinen Schlußpunkt hinter die Hexenverfolgungen, denn vereinzelt fanden immer noch Prozesse und Hinrichtungen statt. Und ungeachtet der schamvollen Reue der gesamten Nation ließ sich nicht vom Tisch wischen, daß man dem restlichen Europa als Musterbeispiel gedient hatte.

Tableau de l'Inconstance des Mauvais Anges

A. Satan predigt in der Gestalt eines Bocks. Er sitzt auf einem goldenen Stuhl. Eines seiner fünf Hörner brennt, um alle Kerzen und Sabbatfeuer daran zu entzünden.

B. Die Königin des Sabbats, gekrönt, zu seiner Rechten; eine weniger Begünstigte zu seiner Linken.

C. Vor dem Thron eine Hexe, die ein von ihr entführtes Kind vorzeigt.

D. Hier sieht man die Gäste des Sabbats, jeder mit einem Dämon zur Seite. Das Fleisch stammt ausschließlich von Leichen, Gehängten, Herzen ungetaufter Kinder und unreinen Tieren, welche die Christen niemals anrühren. Alles schmeckt schal und ist salzlos.

E. Ganz rechts arme Hexen, die sich dem hohen Fest nicht zu nähern wagen und nur als Zuschauer, in eine Ecke gedrängt, zugelassen sind.

F. Auf den Schmaus folgt der Tanz.

G. Dies sind die Musikanten, die die Melodien spielen, zu deren Musik und Gesang die Hexen tanzen.

H. Darunter sieht man eine Gruppe von Frauen und Mädchen, die im Kreise tanzen und sich dabei den Rücken zukehren.

I. Hier sieht man einen Topf über einem Feuer, in dem Gifte gekocht werden, die Krankheit und Tod über die Menschen oder Siechtum über das Vieh bringen sollen. Eine der Hexen hält Schlangen und Kröten in der Hand, die andere schneidet ihnen die Köpfe ab, enthäutet sie und wirft sie in den Topf.

K. Während des Sabbats kommen verschiedene Hexen auf Mistgabeln und Besenstielen an, andere auf Ziegen. Sie führen ihre Kinder, die sie in der Hexenkunst unterrichten, mit sich, um sie Satan vorzustellen. Andere entschwinden, in die Lüfte emporgetragen, um über dem Meer Stürme und Gewitter zu entfesseln.

L. Zur Linken stehen edle Damen und Herren und andere reiche und mächtige Hexen, die verkleidet oder maskiert erscheinen, damit sie unerkannt bleiben.

M. Kleine Kinder helfen den Hexen, die sie zum Sabbat gebracht haben, indem sie die Kröten mit Stöcken und weißen Gerten daran hindern, aus dem Bach zu entkommen.

Pierre de Lancre, 1613

Eine Illustration aus »Tableau de l'Inconstance des Mauvais Anges«, 1613, von Pierre de Lancre, dem Hexenjäger und Richter. Er erreichte den Höhepunkt seiner beruflichen Laufbahn, als er innerhalb von vier Monaten im Jahre 1609 an die 600 Hexen auf den Scheiterhaufen brachte. Das Bild faßt die Vorstellungen de Lancres vom Sabbat zusammen. Der Autor selbst erklärt die Details.

A
B
C
D
E

Der Hexenwahn in Deutschland

Von Frankreich aus pflanzte sich der Hexenwahn zunächst in zwei Richtungen fort: Nach Italien, wo die Verfolgungen gegen Ende des 15. und zu Anfang des 16. Jahrhunderts wüteten, und nach Deutschland, wo das Blutvergießen und die Grausamkeiten weit größere Ausmaße annahmen als irgendwo sonst in Europa. So bemerkt Professor Rossel Hope Robbins: »Deutschland war das klassische Land des Hexenwesens . . . das dort nicht nur stärker verbreitet war als in anderen Ländern, sondern auch rücksichtsloser verfolgt wurde«.

Als die Hexenverfolgungen um die Mitte des 15. Jahrhunderts einsetzten, bestand Deutschland als Nation aus 300 selbständigen Staaten. Diese genehmigten zwar ähnliche Verfolgungsmethoden, wie sie in Frankreich üblich waren – insbesondere Folter und Hinrichtung –, wendeten sie aber unterschiedlich an. In sämtlichen deutschen Kleinstaaten herrschte die einhellige Meinung, daß das Verbrennen die adäquate Todesart für Hexen sei (vielleicht sollte man an dieser Stelle anmerken, daß England als einziges Land den Verbrennungstod nicht zuließ). Während der Zeit des Hexenwahns wurden in Deutschland mindestens 100000 Personen im Namen Gottes und des Gesetzes hingerichtet.

Angesichts der vielschichtigen historischen Hintergründe und der Vielzahl der Opfer wird es schwierig sein, das volle Ausmaß des Schreckens, der jene Epoche beherrschte, zu vergegenwärtigen.

Einige wenige Fälle müssen als Beispiele genügen. Die Chroniken strotzen nur so von grauenerregenden Schilderungen der Hexenverfolgungen. Als besonders grausame Hexenjäger taten sich hervor: Philipp Adolph von Ehrenberg, Fürstbischof von Würzburg, der Hunderte von vermeintlichen Hexen und sogar seinen Erben verbrannte; Benedikt Carpzov, der »Gesetzgeber von Sachsen«, ein unbarmherziger Frömmler, der sich brüstete, die Bibel 53mal gelesen und 20000 Hexen verbrannt zu haben; Balthasar Ross, der Hexenjäger und Richter, dessen Foltermethoden so brutal waren, daß die Mehrzahl der 300 von ihm angeklagten »Hexen« den Scheiterhaufen gar nicht erst erreichte.

Die Historiker scheinen darin übereinzustimmen, daß die unter katholischer Herrschaft stehenden Staaten von den Hexenverfolgungen am ärgsten heimgesucht wurden. Städte und Dörfer waren gleichermaßen betroffen. In der Gegend von Trier wurden zum Beispiel zwei Dörfer vollständig ausgemerzt, indem ausnahmslos alle Bewohner, Männer, Frauen und Kinder, wegen Hexerei angeklagt wurden, in Straßburg wurden nicht weniger als 5000 Personen hingerichtet.

Der Höhepunkt des Hexenwahns scheint in Deutschland während des Dreißigjährigen Krieges erreicht worden zu sein (wie auch in England die blutigsten Verfolgungen mit dem Bürgerkrieg zusammenfielen), die gegnerischen Parteien sahen offenbar in der Hexerei eine schnelle und bequeme Entschuldigung für Massenabschlachtungen. Kaum ein Gebiet blieb von diesen unerbittlichen Verfolgungen verschont, und nur reiche Bürger und ihre Familien konnten hoffen, den Werkzeugen der Folterknechte durch immense Bestechungsgelder zu entgehen.

Ausführliche Berichte, die sich aus dieser Zeit erhalten haben, zeigen, daß die Stadt Bamberg – oft als »Schrein des Grauens« bezeichnet – ein besonderer Schreckensort

Rechts Die Strafe des Zersägens. Holzschnitt von Lucas Cranach.

Links Verbrennung der Hexe Lise Plainacher in Mank. Die Frau war von ihrer Enkelin als Hexe angezeigt worden. Angeblich hatte sie die 12652 bei ihrer Enkelin ausgetriebenen Teufel als Fliegen in Gläsern aufbewahrt. Zeichnung von V. Katzler.

Seite 56/57 Eine künstlerische Parodie auf de Lancres »Tableau de l'Inconstance des Mauvais Anges«.

TRACTAT
Von Bekanntnuß der Zau-
berer vnd Hexen. Ob vnd wie viel
denselben zu glauben.
Anfängklich durch den Hochwürdigen Herrn
Petrum Binsfeldium, Trierischen Suffraganien/ vnd
der H. Schrifft Doctorn/ kurtz vnd summarischer
Weiß in Latein beschrieben.
Jetzt aber der Warheit zu stewr in vnser Teutsche Sprach
vertiert/ durch den Wolgelerten M. Bernhart Vogel/ deß löblichen
Stattgerichts in München/ Assessorn.
EXOD XXII. CAP.
Die Zauberer solt du nicht leben lassen.

Gedruckt zu München bey Adam Berg.
ANNO DOMINI M. D. XCI.
Mit Röm: Kay: May: Freyheit/ nit nachzudrucken.

war. Es gab dort nicht nur ein speziell erbautes »Hexenhaus«, wo man die Verdächtigen vernahm und folterte, sondern die Obrigkeit erfand auch einige der brutalsten Methoden ganz Deutschlands, Geständnisse zu erpressen.

Das Bistum wurde von einem fanatischen Hexenhasser, dem Fürstbischof Johann Georg II. Fuchs von Dornheim, regiert, der als der »Hexenbischof« in die Geschichte eingegangen ist. Er gründete unter der Führung des Bischofs Friedrich Forner eine Hexenjägertruppe. Der Stand einer Person – ob Bürger oder reicher Landbesitzer – beeindruckte diese Männer wenig, der Kanzler von Bamberg und fünf Bürgermeister waren ebenso schnell verurteilt wie eine einfache Hausfrau oder eine Gruppe von Knechten.

Diejenigen, die eine Beschäftigung in der Hexenjägertruppe des Fürstbischofs gefunden hatten, gelangten, wie nicht anders zu erwarten, durch ihre »Arbeit« zu Wohlstand; im ersten Jahrzehnt des 17. Jahrhunderts, so berichten die Quellen, wurden über 600 Personen auf dem Scheiterhaufen verbrannt und eine Gesamtsumme von 500000 Gulden aus ihrem Nachlaß erzielt.

Zum Glück kamen Ausmaß und Heftigkeit der Hexenjagden schließlich Ferdinand II., dem Kaiser des Heiligen Römischen Reichs, zu Ohren, es erfolgten Reformen, die es den Angeklagten ermöglichten, Verteidiger zu ernennen. Mißbrauch und Korruption gediehen dennoch weiter. Dann jedoch erschien als gemeinsamer Feind aller deutschen Länder der Schwedenkönig Gustaf Adolf samt seiner Eroberungsarmee auf der Bildfläche. Die öffentliche Aufmerksamkeit richtete sich von nun an ausschließlich auf diese neue Gefahr. Ein Rückgang der Hexenverfolgungen war sogleich feststellbar.

Soweit die Geschichte der Hexenverfolgungen in Deutschland. Pater Friedrich von Spee schrieb im Jahre 1631: »Selbst die Widerstandsfähigsten unter denen, die gefoltert wurden, bekennen, daß es kein vorstellbares Verbrechen gibt, das sie nicht eingestünden, wenn sie sich dadurch Linderung verschaffen könnten, und daß sie lieber zehnmal sterben würden, als eine Wiederholung der Folter zu erdulden.«

Links oben Flugblatt über eine Hexenverbrennung aus dem Jahre 1555.

Links Titelseite eines Traktats von Peter Binsfeld, das sich mit den Machenschaften des Teufels und seiner Diener befaßt.

Rechts Diese Abbildung zeigt etliche der Künste, die man in Deutschland den Hexen und Zauberern zur Zeit des Ausbruchs des Hexenwahns zuschrieb. Ein Stich von Ulrich Tengler, 1511.

Liste von Personen, die in Würzburg hingerichtet wurden

Die sechste Verbrennung, sechs Personen:
Der Rath-Vogt, Gerin genannt
Die alte Canzlerin
Die dicke Schneiderin
Des Herrn Mengerdörfers Köchin
Ein fremder Mann
Ein fremd Weib

Die achte Verbrennung, sieben Personen:
Der Baunach, ein Raths-Herr, und der dickste Bürger in Würzburg
Des Herrn Dom-Probst Vogt
Ein fremder Mann
Der Schleipner
Die Visiererin
Zwey fremde Weiber

Die elfte Verbrennung, vier Personen:
Der Schwerdt, Vicarius am Dom
Die Vögtin von Rensacker
Die Stiecherin
Der Silberhan, ein Spielmann

Die dreizehnte Verbrennung, vier Personen:
Der alte Hof-Schmidt
Ein alt Weib
Ein klein Mägdlein von neun oder zehn Jahren
Ein geringeres, ihr Schwesterlein

Die vierzehnte Verbrennung, zwei Personen:
Der erstgemeldeten zwey Mägdlein Mutter
Der Lieblerin Tochter von 24 Jahren

Die zwanzigste Verbrennung, sechs Personen:
Das Göbel Babelin, die schönste Jungfrau in Würtzburg
Ein Student in der fünften Schule, so Sprachen gekont, und ein vortrefflicher Musikus vocaliter und instrumentaliter
Zwey Knaben aus dem neuen Münster von zwölf Jahren
Der Steppers Babel Tochter
Die Hüterin auf der Brücken

Die sechsundzwanzigste Verbrennung, sieben Personen:
Der David Hans, Chorherr im neuen Münster
Der Weydenbusch, ein Raths-Herr
Die Wirthin zum Baumgarten
Ein alt Weib
Des Valkenbergers Töchterlein ist heimlich gerichtet und mit der Laden verbrannt worden
Des Raths-Vogt klein Söhnlein
Der Herr Wagner, Vicarius im Dom-Stift, ist lebendig verbrannt worden

Die achtundzwanzigste Verbrennung, sechs Personen:
Die Knertzin, eine Metzgerin
Der D. Schützen Babel
Ein blind Mägdlein
Der Schwartz, Chor-Herr zu Hach
Der Bernhard Mark, Vicarius am Dom-Stift, ist lebendig verbrannt worden
Der Ehling, Vicarius

1598 (gekürzt)

Links oben Das Phänomen Hexe übte zu allen Zeiten eine Starke Faszination aus – auch auf Künstler, unter ihnen Holbein.

Links unten In Deutschland glaubte man, daß Hexen aus dem Stiel einer Axt Milch zaubern könnten. Aus »Die Emeis« von Dr. Johannes Geiler von Keiserperg, 1517.

Eine mit Eisenklammern und Ketten gefesselte Angeklagte im Bamberger »Hexenhaus«, genannt »Malefitz-Haus«.

Oben Das schreckliche »Hexenhaus« in Bamberg, das eigens für das Verhör und die Folter der Hexen gebaut worden war. Der Grundriß zeigt Gerichtszimmer, Folterkammern und Zellen für die Gefangenen.

Links Johannes Weier war Leibarzt des Herzogs Wilhelm von Kleve und der erste Gelehrte, der in Deutschland die Hexenverfolgungen in Frage stellte.

Mitte Vermeintliche Hexen werden im »Hexenhaus« »verhört«.

Rechts Titelseite von Johannes Weiers »De Praestigis Daemonum«, 1536. Dieses Werk trug schließlich dazu bei, der Vernunft zum Sieg über Hexenwahn und Blutvergießen zu verhelfen.

DE PRAESTIGIIS DÆMONVM.

Von Teuffelsgespenst Zauberern vnd Gifftbereytern/ Schwartzkünstlern/ Hexen vnd Vnholden/ darzu jrer Straff/ auch von den Bezauberten/ vnd wie jhnen zuhelffen sey/

Ordentlich vnd eigentlich mit sonderm fleiß in VI. Bücher getheilet: Darinnen gründlich vnd eigentlich dargethan/ was von solchen jeder zeit disputiert/ vnd gehalten worden.

Erstlich durch D. Johannem Weier in Latein beschrieben/ nachmals von Johanne Fuglino verteutscht/ jetzund aber nach dem letzten Lateinischen außgangenen Original auffs neuw vbersehen/ vnnd mit vielen heilsamen nützlichen stücken: Auch sonderlich hochdienlichen newen Zusätzen/ so im Lateinischen nicht gelesen/ als im folgenden Blat zufinden/ so der Bodinus mit gutem grundt nicht widerlegen kan/ durchauß gemehret vnd gebessert.

Sampt zu endt angehencktem newem vnd volkommenen Register.

Mit Röm. Keys. Maiest. Freyheit/ auff zehen Jahr nicht nachzudrucken/ begnadet.

Getruckt zu Franckfurt am Mayn/ durch Nicolaum Basseum.

M. D. LXXXVI.

Eine Hexenverbrennung

In Arendsee in Deutschland wurden 1687 drei Hexen hingerichtet. Es waren dies Susanna, Ilse und ihre Mutter Katharina. Die Hinrichtung wurde unter protestantischer Kontrolle durchgeführt. Sie war von unangenehmer heuchlerischer Frömmelei gekennzeichnet.

»Unterwegs sprach man abwechselnd Gebete und Ermahnungsworte und sang Hymnen. Vor dem Seehausener Tor stellte man sich im Kreise auf, und Susanna wurde darin herumgeführt, bis man die Hymne ›Gott, Vater unser, sei in unseren Herzen‹ zu Ende gesungen hatte. Als man die Susanna köpfte, sangen die Leute ›Zu Dir wir beten, oh Heiliger Geist‹. Danach wurde die Ilse auf die gleiche Art getötet, und man sang dazu dieselbe Hymne.

Während man weitersang, wurde Katherina auf den Scheiterhaufen gestellt und am Hals mit einer eisernen Kette gefesselt, so daß ihr Gesicht anschwoll und braunrot anlief. Man entzündete die Reisigbündel und alle Anwesenden – die Geistlichen, Schulkinder und die Zuschauer – sangen, bis die Flammen den Körper verzehrt hatten.«

Anonym, *Annals of Witchcraft*

(17. Jahrh.)

Strafe des »Riemenschneidens«.

Rechts Todesstrafen für Verurteilte der Hexenprozesse.

Der spanische Terror

Während sich in Deutschland durch die Vielzahl der Staaten ein sehr verwirrendes und unterschiedliches Bild der Hexenverfolgung bot, gestaltete sich die Lage in Spanien, das in der Geschichte des Hexenwahns ebenfalls zu traurigem Ruhm gelangte, genau umgekehrt. Das gesamte Land stand unter der Rechtsprechung der Inquisition, deren Repräsentanten mit Hilfe von Terror und *Autodafé,* das in der Mehrzahl der Fälle die öffentliche Verbrennung einschloß, eine einheitliche Verfolgungspolitik betrieben.

Die spanische Inquisition besaß zweifellos eine größere Machtbefugnis als die Inquisitionsgerichte in den anderen Ländern Europas. In Spanien sind zwar mehr Menschen als in Deutschland auf dem Scheiterhaufen geendet, aber die Mehrzahl von ihnen ist nicht als Hexen, sondern als Ketzer verurteilt worden. Dies erklärt sich daraus, daß man in Spanien zwischen Hexenkult und Zauberei unterschied. Der Hexenkult wurde als ein alter Brauch, insbesondere der Basken in Norspanien, angesehen, wohingegen die Zauberei mit ihren Geisterbeschwörungen, Wahrsagereien und magischen Formeln als Ketzerei betrachtet wurde.

Der Hexenkult der Basken, einem Volk von ungeklärter Herkunft, das sich im Pyrenäengebiet niedergelassen hatte, war lange vor dem 15. Jahrhundert in ganz Europa bekannt. Erst 1466 wurden die *bruxos,* wie man die Anhänger des Kults nannte, Gegenstände eines königlichen Edikts. In diesem Edikt wurde ihnen die Fähigkeit unterstellt, ihren Mitmenschen Schaden zufügen zu können, Besitz zu zerstören und Ernten zu vernichten, und es hieß auch, sie hätten sich den alten Fruchtbarkeitsgöttern verschworen. Wildheit und Gesetzlosigkeit dieses Landstrichs bedingten, daß weder Kirche noch Staat den Basken ihren Willen aufzwingen konnten. Farbige Erzählungen von den Ritualen oder *conciliabules,* die in den Bergen von Amboto abgehalten wurden, waren zu Zeiten der Inquisition im Umlauf und sind es noch bis zum heutigen Tag.

Rechts Eine Hexe wird zur Richtstätte geführt. Radierung von Francisco de Goya (um 1796).

Unten Thomas De Torquemada, der berüchtigste der spanischen Großinquisitoren. Er verurteilte über zehntausend Personen zum Verbrennungstod.

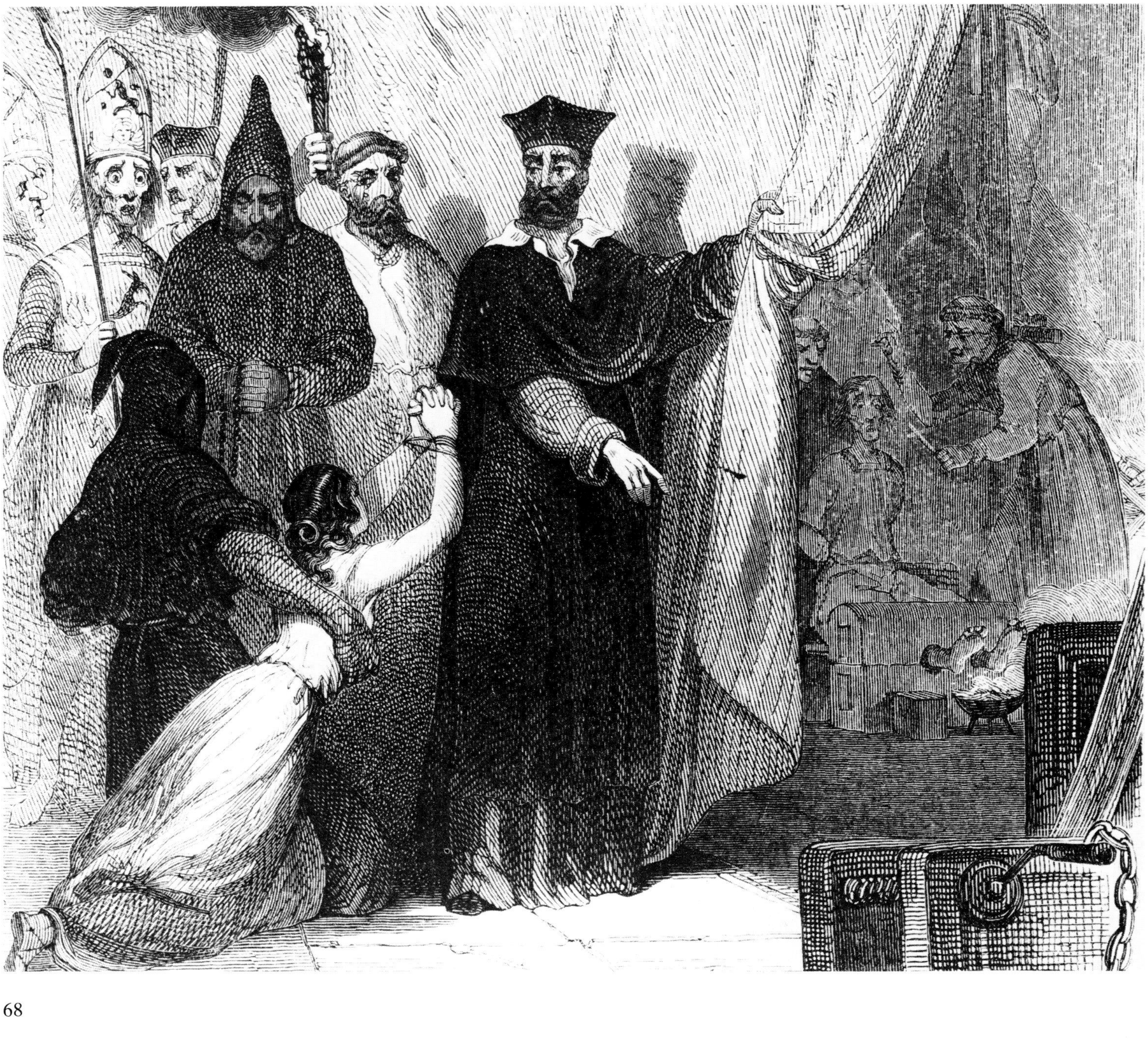

Die Zauberei hingegen wurde als eine sehr viel kompliziertere Angelegenheit erachtet, als ein Gemisch nämlich aus der Kultur der maurischen Eroberer und blankem Aberglauben. Sie galt ab 1370 als Ketzerei. Die Inquisition widmete sich seit ihrer Entstehung der Bekämpfung des Zauberwesens. Doch da keine bindenden Definitionen für die diversen Varianten der Zauberei existierten, waren die einzelnen Inquisitoren zunächst auf ihre eigene Interpretation angewiesen. Das führte natürlich zu sehr unterschiedlichen Auffassungen.

Zu Beginn des 16. Jahrhunderts ließ der Großinquisitor Alfonso Manriquez verkünden, daß es die Pflicht eines jeden Bürgers sei, diejenigen bei der Inquisition zu denunzieren, die mit Geistern verkehrten, Dämonen beschwörten, Wahrsagerei und Astrologie betrieben oder geheime Bücher mit Zaubersprüchen besäßen. Diese Personen, verkündete er, seien Ketzer und müßten mit dem Tod bestraft werden. Damit war das Zeitalter des Bluts und des Terrors auch in Spanien endgültig angebrochen. (Während die Inquisition das Land mit ihrem Schrecken überzog, wurden ungefähr 34000 Menschen verbrannt; weitere 18000 starben unter der Folter und wurden anschließend *in effigie* verbrannt; 288000 wurden zu lebenslänglichem Gefängnis verurteilt, 200000 erhielten Gefängnisstrafen unterschiedlicher Dauer. Der berüchtigste der Großinquisitoren, Thomas de Torquemada, verbrannte persönlich 10000 Personen, 7000 *in effigie* und inhaftierte an die 97000 Männer, Frauen und Kinder.)

So kam es schließlich auch zur Anklage der Hexen des Baskenlandes. Die Inquisition veranlaßte Untersuchungen im Norden Spaniens. Männer, Frauen und Kinder wurden vor das Tribunal geschleppt. Einige gestanden freiwillig, mit dem Teufel verkehrt zu haben, Salben aus Krötenblut und Kinderherzen bereitet und Sexorgien gefeiert zu haben.

Zur Ehre der Inquisitoren muß gesagt werden, daß nur wenige von ihnen solch phantasievollen Behauptungen Glauben geschenkt haben. Die Folge war, daß unter den Mitgliedern der Tribunale beträchtliche Meinungsverschiedenheiten darüber bestanden, welche Strafen angemessen seien. Die Tatsache, daß viele Anklagen aus reiner Bosheit – wie sich herausstellte von Verwandten, Nachbarn – erhoben wurden, gab den Inquisitoren ebenfalls zu schweren Bedenken Anlaß. Auch was die *conciliabules* anbelangte, waren die Meinungen geteilt. Aber höchstwahrscheinlich tendierte man mehrheitlich zur Ansicht des Pedro de Valencias, einem zeitgenössischen Gelehrten und Historiker, der befand, daß »ihr Hauptzweck das ist, welches Leute dieser Art seit eh und je verfolgt haben, nämlich fleischlicher Genuß«.

1611 erließ die *Suprema* der Inquisition ein Edikt, das zwar die Möglichkeit der Hexerei nicht in Abrede stellte, aber eine Verurteilung deswegen nahezu unmöglich machte. Im Anschluß fanden noch einige Hexenprozesse statt, sie verliefen jedoch ergebnislos. Die Zauberei hingegen war weiterhin Anlaß zu zahlreichen Anklagen, sie wurde in den meisten Fällen auch »bewiesen« und bestraft.

Junge baskische Hexe salbt sich mit Ölen zur Vorbereitung auf den Sabbat. Diese Illustration kopiert bewußt den Stil Pierre de Lancres. Der französische Hexenjäger war für die schonungslose Verfolgung der Basken im Jahre 1610 verantwortlich.

Hexe bringt dem Teufel, der ihr als Bock erschienen ist, menschliches Blut als Opfergabe dar. Eines der berühmten Gemälde über das Hexenwesen von Goya, den dieses Thema sehr beschäftigt hat. Man beachte auch den Besenstiel und die dienstbaren Katzengeister.

Forschungen über das spanische Hexenwesen lassen vermuten, daß der Hexenkult noch heute seine Anhänger hat, besonders in Gebieten wie dem Baskenland. Angeblich wird eine Göttin namens Diana verehrt, die in den Bergen lebt und für das Wohlergehen und den Fortbestand der Menschheit sorgt.

In diesen und anderen Berichten lassen sich zahlreiche Parallelen zur Wicca-Religion erkennen (siehe Kapitel 2).

Rechts Einige der Opfer der Inquisition wurden nicht auf dem Scheiterhaufen verbrannt, sondern einer noch schrecklicheren Prozedur – dem »brûloir« – unterworfen, die bedeutete, daß die Verurteilten buchstäblich bei lebendigem Leib in einer Art Backofen geröstet wurden.

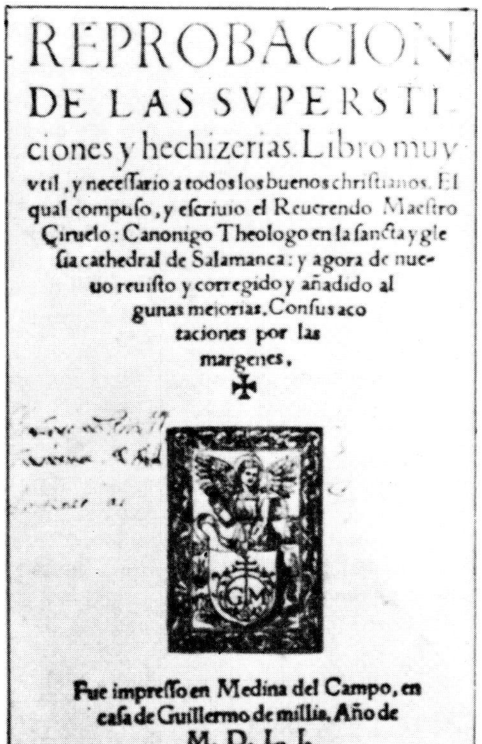

REPROBACION
DE LAS SVPERSTI-
ciones y hechizerias. Libro muy
vtil, y necessario a todos los buenos christianos. El
qual compuso, y escriuio el Reuerendo Maestro
Ciruelo: Canonigo Theologo en la sancta ygle
sia cathedral de Salamanca: y agora de nue-
uo reuisto y corregido y añadido al
gunas mejorias. Con sus aco
taciones por las
margenes.

Fue impresso en Medina del Campo, en
casa de Guillermo de millis. Año de
M. D. L. I.

Titelseite des ersten spanischen Werks über das Hexenwesen, »Reprobación«, 1539. Autor dieser klassischen Studie war Pedro Cirvelo, Inquisitor von Saragossa.

Rechts Ein Autodafé an der Biscaya, wo 1507 dreißig der Hexerei verdächtigte Personen an einem Tag verbrannt wurden.

Die Ankunft der Inquisitoren und der Beginn des Autodafés im Baskenland. Stich aus dem 16. Jahrhundert.

G
H
D
B
B. Picart sculp. direxit 1723

Das Autodafé

Schon bald fanden die Hinrichtungen nicht mehr am Galgenhügel oder einem ähnlich unheimlichen Ort statt. Jeder öffentliche Platz, geräumig genug, um eine größere Zahl Neugieriger aufzunehmen, eignete sich für diesen Zweck. Unweit des Scheiterhaufens waren Stände mit Eßwaren aufgebaut und andere improvisierte Verkaufsgelegenheiten, damit die von außerhalb kommenden Zuschauer Andenken, Rosenkränze, Heiligenbilder und für diese Gelegenheit gedruckte Schriften erstehen konnten.

Manchmal verbrannte man nur einige, manchmal aber auch an die hundert Hexen an einem Tag. Die von der Teufelsfurcht wie besessene Menge projizierte ihre ganze Angst auf die Verurteilten, welche so kaum auf Mitleidsbekundungen hoffen konnten. Diese Hinrichtungen vereinten, wie Schiller sagte, sowohl das Schreckliche als auch das Komische. Sie waren eine Wiederbelebung antiker Opferfeiern in ihrer pervertierten Form: der Zirkusspiele. Die spanische Inquisition kleidete die Verurteilten in schwefelgetränkte Hemden und setzte ihnen einen Kopfschmuck aus Pappe auf, der mit Teufeln, Flammen und menschlichen Schädeln auf brennenden Reisigbündeln bemalt war.

Die Prozession, die sich auf den Hinrichtungsplatz zubewegte, glich jenen frühen heidnischen Festen, auf denen man ein Abbild des Königs als Opfergabe darbrachte. In den deutschsprachigen Ländern gibt es noch heute den Brauch, zur Karnevalszeit eine den Winter symbolisierende Figur zu verbrennen. Derartige Überbleibsel einer heidnischen Vergangenheit finden sich sowohl im *Autodafé*, der Hinrichtung durch Verbrennung bei lebendigem Leibe durch die Inquisition, als auch beim Verbrennen von Puppen anstelle eines Verurteilten, sollte dieser bereits vor der Urteilsvollstreckung verreckt sein. Diese Puppen wurden während des Festumzugs auf Stöcken umhergetragen und dann auf dem Scheiterhaufen zusammen mit dem eingesargten Toten verbrannt.

Das Urteil wurde auf dem Marktplatz verkündet. Für den König, die Königin, den Adel, die Räte und die Funktionäre der Inquisition wurden Tribünen mit besonderen Logen errichtet.

Die Zeremonie währte den ganzen Tag. Die Urteile wurden von einer eigens dafür erbauten Plattform verkündet, die Verurteilten mußten sich die Urteilsverkündung in einem runden, in der Mitte des Platzes stehenden Käfig anhören. Ein riesiges Stück Segeltuch war über den Platz gespannt, um die Zuschauer vor der Sonne und der Hitze zu schützen, so wie es bei den Zirkusspielen im Alten Rom üblich war.

Die heilige Entrüstung, die die Menge beseelte, wurde durch den Pomp des Zeremoniells, das man den bequem Sitzenden vorspielte, im Zaum gehalten.

Dieser heilige Karneval wurde noch prächtiger durch die verschiedenen Kostüme, die die Verurteilten zu tragen hatten: die *sanbenitos*, die *samanas* und die *carrochas*. All dies hatte man sich ausgedacht, um die Menge zu beeindrucken.

Aus einer anonymen spanischen Flugschrift des 18. Jahrh.

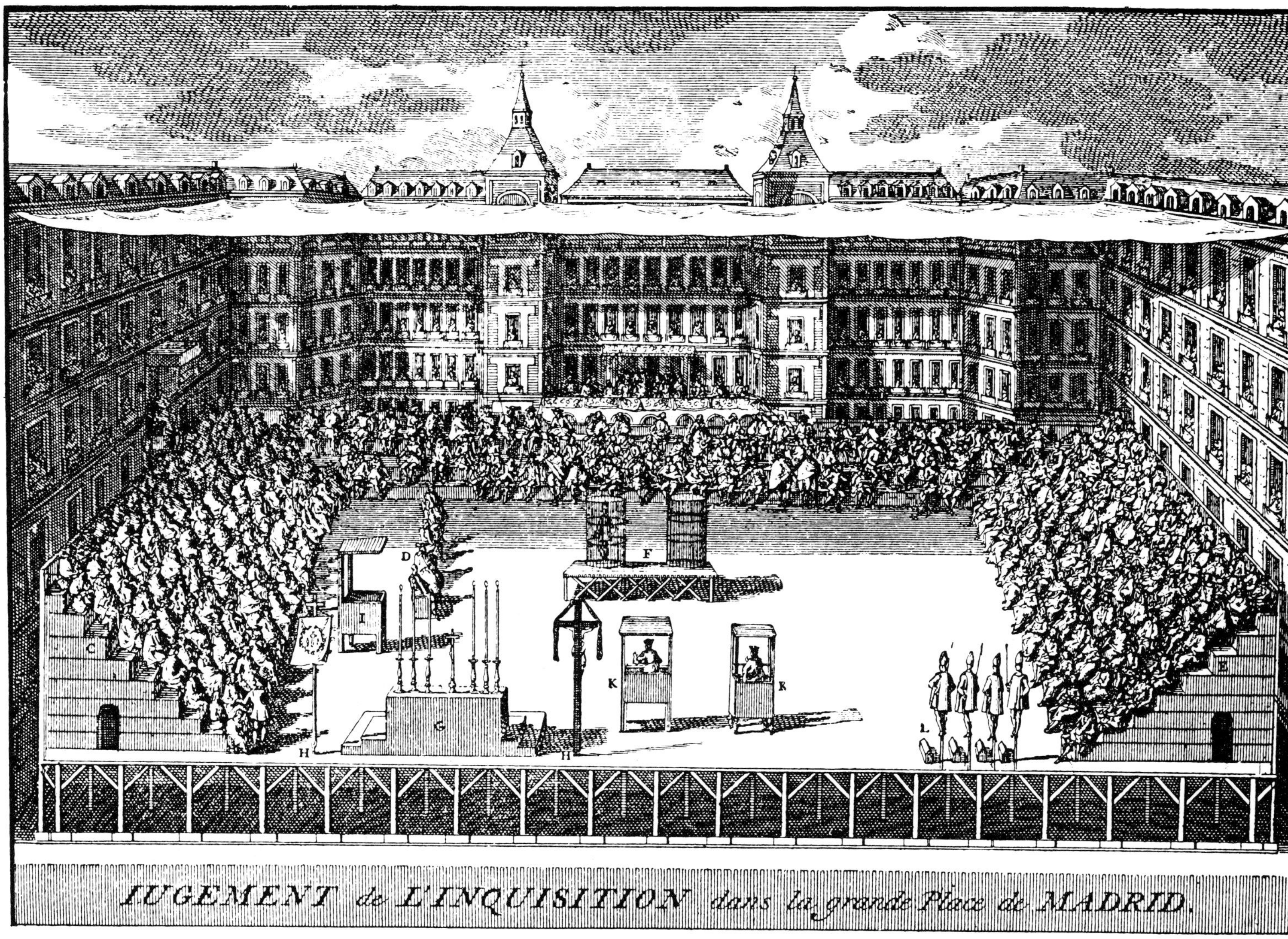

Autodafé in Madrid. Die Inquisition verstand es meisterhaft, eine Hinrichtung in ein pompöses Spektakel zu verwandeln.

Gelegentlich wurden vermögenden Damen von Stand die schrecklichen Schmerzen des Verbrennens bei lebendigem Leib erspart, indem man sie schnell erwürgte und dann die Leichen dem Scheiterhaufen übergab.

Die Opfer der Inquisition wurden für die Hinrichtung in Gewänder und Papierhüte gekleidet, auf die man Teufel und in Flammen aufgehende menschliche Gesichter gemalt hatte.

Weitere barbarische Hinrichtungsmethoden der Handlanger der Inquisition: die Kombination von Kreuzigung und Verstümmelung.

Der Hexenwahn in Grossbritannien

In England betrachtete man, anders als in Spanien, Hexenwesen und Zauberei als zusammengehörig. Beide wurden seit sächsischer Zeit mit Unglück, Mißernten und Viehseuchen in Zusammenhang gebracht und galten als böse. Zwar unterschied man bis zu einem gewissen Grad zwischen »weißer« oder guter und »schwarzer« oder böser Zauberei, doch in den Augen des Gesetzes wurden beide Formen zu den strafbaren Vergehen gezählt. Die Verbindung zwischen Hexenwesen und Teufel stellte man erst nach dem Mittelalter her und deklarierte das »Bündnis« als Verbrechen gegen Gott. Immerhin genossen die Anhänger des Wicca-Kults, die ihre alten Riten noch hier und da ausübten, bis zu einem gewissen Grade Narrenfreiheit.

Die Strafen, die das englische Gesetz für Hexerei vorsah, waren zahlreich. Im 10. Jahrhundert wurden Hexen »zusammen mit den Huren« verbannt. Wenig später verhängte man eine Fastenzeit von sieben Jahren über jeden, der des »Tötens durch Zauberei« überführt war. Weitere zwei Jahrhunderte später stellten die Kirchentribunale die Hexen an den Pranger. Und während in Frankreich bereits die ersten Hexen auf dem Scheiterhaufen starben, sahen die englischen Gerichte geringe Geldstrafen als ausreichend an, wenn die Angeklagten nicht gar mit dem Versprechen, sich bessern zu wollen, davonkamen.

Dieser Zustand änderte sich schlagartig, als Elizabeth I. den Thron bestieg. Da sich die Königin als Staatsoberhaupt unsicher fühlte, witterte sie hinter allem und jedem Verrat. Als sich der Verdacht erhärtete, daß die schwarze Magie gegen ihre eigene Person angewandt wurde, dekretierte sie 1563 härtere Strafen gegen Hexerei.

In der Grafschaft Essex, unweit von London, feierte mit der Verurteilung einer Gruppe von Hexen in Chelmsford (1566) die Intoleranz ihren ersten Sieg. Bösartiger Klatsch, Familienzwist und angeborenes Mißtrauen führten zur Anklage von drei Frauen, die »rechtskräftigen« Beweise gegen sie wurden anscheinend hauptsächlich von kleinen Kindern geliefert. Die älteste der drei Frauen, eine gewisse Gevatterin Waterhouse, wurde für schuldig befunden und aufgehängt – sie war die erste Hexe, die in England an den Galgen kam. Weitere Prozesse folgten. Davon ging das Verfahren gegen eine Gruppe von Frauen aus dem kleinen Fischerdorf St. Osyth als besonders rechtswidrig in die Geschichte der Hexenverfolgungen ein. Die Geständnisse wurden durch Drohungen und Bestechungsgelder erpreßt. Die Anklage ließ Aussagen zu, die auf bloßem Hörensagen beruhten. Schon nach ganz kurzer Zeit hatte die Grafschaft Essex den Beinamen »die Hexengrafschaft« weg.

Der Nachfolger von Elizabeth I., König James I., war ein noch fanatischerer Feind des Hexenwesens. Er verabschiedete 1604 neue Gesetze, die ein noch schärferes Vorgehen gegen den Hexenkult ermöglichten. Der König glaubte, selbst das Opfer einer Hexenverschwörung geworden zu sein. Ihm war hinterbracht worden, sein Vetter, der Graf von Bothwell, habe sich, als Teufel verkleidet, mit den sogenannten Hexen von North Berwick getroffen und Anweisung gegeben, ein Attentat auf den König vorzubereiten, um den Thron für sich selbst freizumachen. So wenigstens lauteten die Aussagen der Hexen und ihres »Sekretärs« Dr. John Fian, nachdem

Die schottischen Hexen von North Berwick bei der Sabbatsfeier. Ihre angebliche Beteiligung an einer Verschwörung gegen James I. machte sie weltberühmt.

man sie gefoltert hatte. Sie unterschrieben ihre Geständnisse in Anwesenheit von König James. Ihre Enthüllungen waren so detailliert, daß der König für den Rest seines Lebens von der tatsächlichen Existenz des Hexenwesens überzeugt war.

Mit dem Bürgerkrieg erreichten die Hexenverfolgungen in England ihren Höhepunkt. Hier tat sich besonders Matthew Hopkins hervor. Der »General der Hexenjäger« nützte zielstrebig die Unsicherheit der Verhältnisse, das Fehlen einer zentralen Justizgewalt und die Forderung des Volkes nach Ausrottung der Ketzer, um unzählige Menschenleben durch Folter und Erhängen auszulöschen – und wer wäre wohl der Ketzerei verdächtiger gewesen als die Hexen, die sich weder zur einen noch zur anderen Seite im Bürgerkrieg gehörig fühlten.

Insgesamt gesehen wütete der Hexenwahn in England jedoch weniger grausam als im übrigen Europa. In ca. 100 Jahren wurden etwa 2000 englische Bürger als Hexen zum Tode verurteilt. Die Foltern waren weniger barbarisch und sadistisch (Instrumente, wie sie die Inquisition benutzte, gab es in England nicht), die Gerichtsverfahren verliefen geordneter, obwohl das Urteil in der Mehrzahl der Fälle schon im voraus feststand (die Hexen endeten meist am Galgen, im Gegensatz zu der in anderen Ländern üblichen Verbrennung). Zahlenmäßig die größte Gruppe von gleichzeitig Verurteilten waren die neun Hexen von Lancashire, die 1612 gehängt wurden, und neunzehn Frauen, die 1645 in Chelmsford hingerichtet wurden (im Gegensatz zu den Dutzenden, die man in Deutschland und Frankreich den Flammen überantwortete). Die Hexenjagd beschränkte sich in England fast ausschließlich auf die Alten und Gebrechlichen; es wurden nur wenige junge Hexen verurteilt, Reiche und Personen von Stand so gut wie gar nicht.

Genau wie auf dem Kontinent setzte sich die Aufklärung in England nur langsam durch und war auf die Hilfe einiger weniger Verfechter der Vernunft angewiesen, wie zum Beispiel Reginald Scot, der sein Werk *Discovery of Witchcraft* (1584) im Selbstverlag veröffentlichte. Und der Ausbruch des Hexenwahns in England sollte sich an einer ganz anderen Ecke der Welt, jenseits des Atlantischen Ozeans, in Amerika, noch als sehr folgenschwer erweisen.

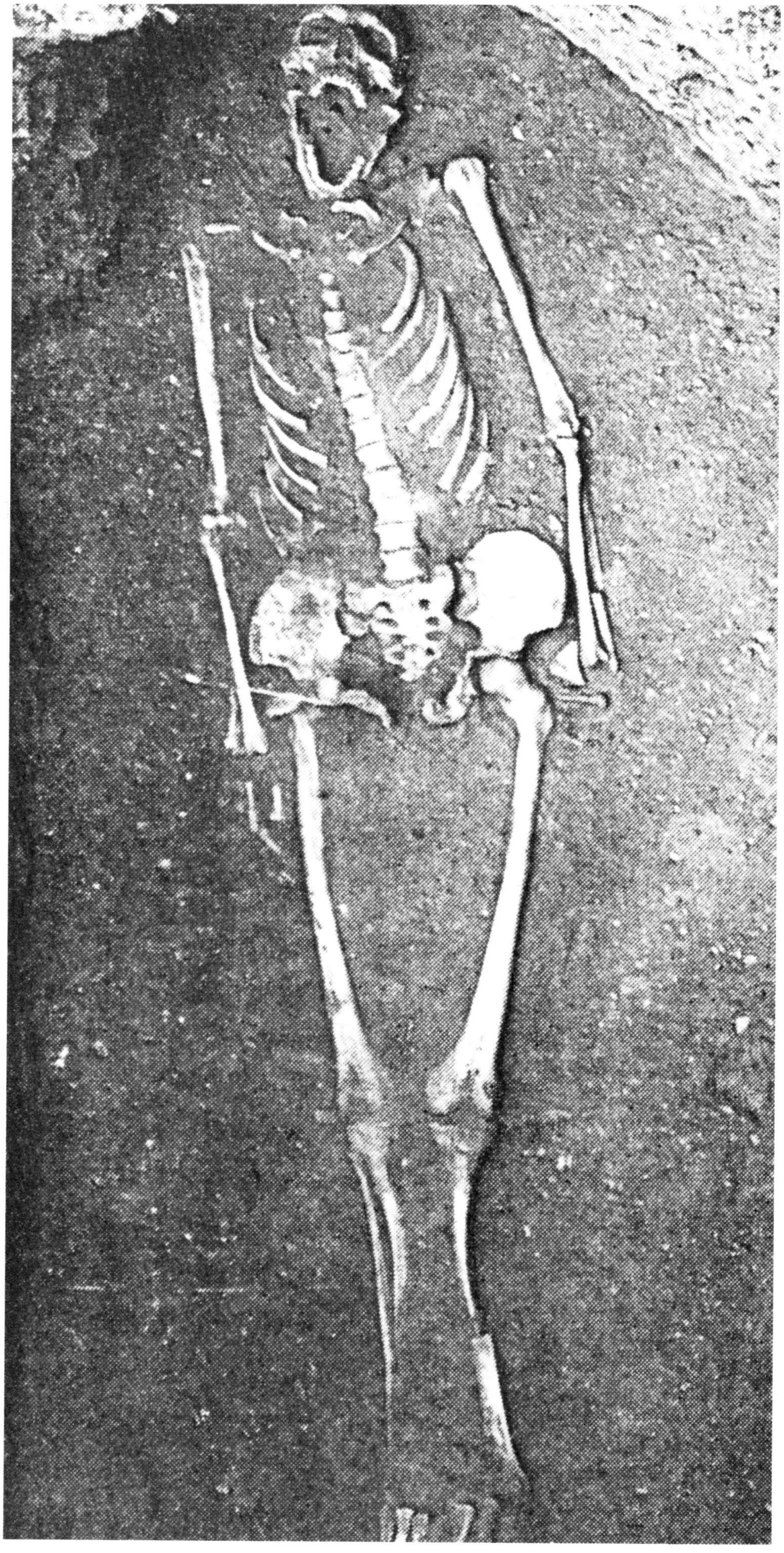

Skelett einer Frau, das vor kurzem in St. Osyth, Essex, dem Schauplatz eines berüchtigten Hexenprozesses im Jahre 1582, gefunden wurde. Das Skelett ist mit mehreren Nägeln in die Erde genagelt, um zu verhindern, daß die Tote »auferstehe und Missetaten und Teufeleien begehe«.

Eine englische Hexe und ihre dienstbaren Geister. Die Skizze wurde im Zusammenhang mit einem Hexenprozeß im 16. Jahrhundert angefertigt. Man beachte, daß die meisten dienstbaren Geister gewöhnliche Haustiere sind!

Rechts oben Eine zeitgenössische Darstellung der Hexen von North Berwick beim Planen des Anschlags auf das Leben von James I. Aus »News from Scotland«, 1591.

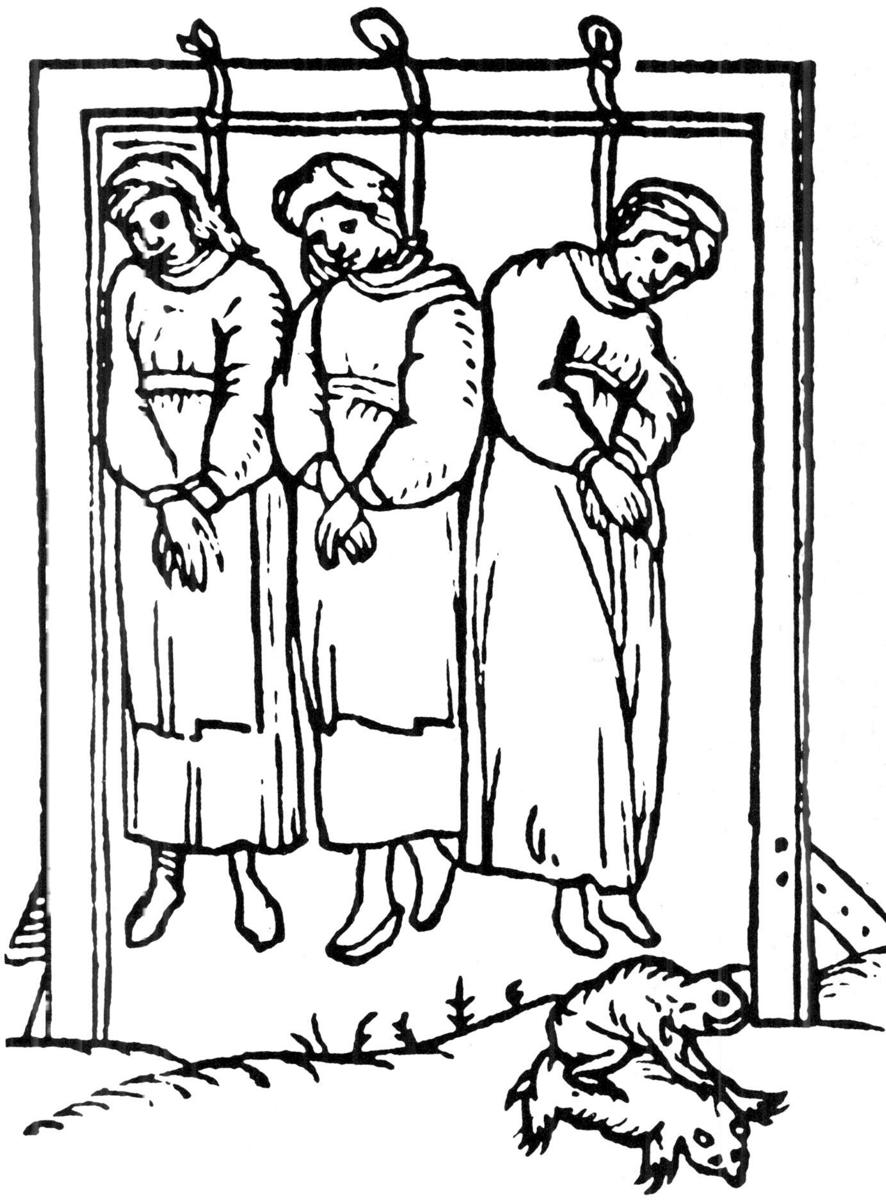

Hinrichtung von drei Hexen in Essex im Jahre 1589. Die beiden dienstbaren Geister, die zur Verurteilung der Frauen beitrugen, scheinen völlig ungerührt, wenn nicht sogar belustigt!

Links Auch in England geboten die Hexen über die Elemente.

Rechts Die erste Seite von Reginald Scots »Discovery of Witchcraft«, 1584. Dieses bedeutende Werk trug wesentlich dazu bei, die Hysterie des Hexenwahns zu dämpfen und sollte später Autoren wie Shakespeare und Middleton als Quelle dienen.

König James beim persönlichen Verhör der Hexen von North Berwick. Ihre Aussagen ließen den König für den Rest seines Lebens zum erbarmungslosen Feind des Hexenwesens werden.

The discouerie of Witchcraft.

¶ *The first Booke.*

An impeachment of Witches power in meteors and elementarie bodies, tending to the rebuke of such as attribute too much vnto them.

The first Chapter.

HE Fables of Witchcraft haue taken so fast hold and déepe root in the heart of man, that fewe or none can (nowadaies) with patience indure the hand and correction of God. For if any aduersitie, gréefe, sicknesse, losse of children, corne, cattell, or libertie happen vnto them; by & by they exclaime vppon witches. As though there were no God in Israel that ordereth all things according to his will; punishing both iust and vniust with gréefs, plagues, and afflictions in maner and forme as he thinketh good: but that certeine old women héere on earth, called witches, must néeds be the contriuers of all mens calamities, and as though they themselues were innocents, and had deserued no such punishments. Insomuch as they sticke not to ride and go to such, as either are iniuriouslie tearmed witches, or else are willing so to be accounted, séeking at their hands comfort and remedie in time of their tribulation, contrarie to Gods will and commandement in that behalfe, who bids vs resort to him in all

Iob.5.

Matth.11.

C.i. our

The ende and last confes-
sion of mother Waterhouse at her
death, whiche was the
xxix. daye of July.
Anno. 1566.

Fyrste (beinge
redi prepared
to receiue her
death) she confessed
earnestly that shee
had bene a wytche
and used suche exe-
crable sorserye the
space of. xv. yeres,
and had don many
abhominable dede,
the which she repē-
ted earnestely & un-
faynedly, and desy-
red almyghty God
forgeuenes in that
she had abused hys
most holy name by

A her

Links Die erste Frau, die in England als Hexe gehängt wurde: Die Gevatterin Agnes Waterhouse, angeklagt und verurteilt in Chelmsford in der Grafschaft Essex im Jahre 1566. Die Abbildung zeigt die erste Seite einer zeitgenössischen Flugschrift über die Gerichtsverhandlung und das Urteil.

Rechts Drei der Hauptpersonen im Prozeß der Lancashire-Hexen – Mrs. Ann Whittle (»Old Chattox«), Mrs. Elizabeth Sowthern (»Old Demdike«) und ihre Tochter Elizabeth. Alle drei wurden schuldig gesprochen und zum Tod am Galgen verurteilt, doch »Old Demdike« starb noch vor der Hinrichtung im Gefängnis.

Unten Der wahrscheinlich berühmteste Hexenzirkel in England, die Hexen von Lancashire, bei einem Festmahl mit dem Teufel. Insgesamt zwanzig Personen wurde der Prozeß gemacht, und zehn davon wurden gehängt. Aus einer zeitgenössischen Flugschrift, »The Wonderful Discovery of the Witches in the County of Lancashire«, 1613.

Die Hexen von Northampton

Geburt und Erziehung, Leben und Gespräche von Elinor Shaw und Mary Phillips u. a.

Sir,
Wie in meinem letzten Brief versprochen, schicke ich Ihnen hiermit einen getreuen Bericht über das Leben und die Gespräche der beiden berüchtigten Hexen, die am Sonnabend, den 17. d. M. im nördlichen Stadtgebiet hingerichtet wurden. In Anbetracht der außergewöhnlichen Methoden, von denen diese schlechten Frauen Gebrauch machten, um ihre teuflischen Künste auszuüben, denke ich, daß der Empfang meines Briefes für Sie wichtig sein dürfte, um so mehr als ich glaube, verstehen zu dürfen, daß Sie einen Freund unweit der Fleet Street haben, der ein Drukker ist und vielleicht davon im Interesse der Öffentlichkeit Gebrauch machen könnte. Folgendes trug sich zu.

Um der Reihe nach zu verfahren, will ich mit Elinor Shaw, (als der berüchtigteren der beiden) beginnen. Diese wurde in Cotterstock, weniger als eine Meile von Oundle in Northamptonshire, als Kind so gut wie unbekannter Eltern geboren, die nicht willens oder nicht in der Lage waren, ihrer Tochter irgendeine Art von Erziehung angedeihen zu lassen; mit 14 Jahren war sie auf sich selbst angewiesen und machte zu dieser Zeit die Bekanntschaft einer ihr an Verderbtheit Ebenbürtigen namens Mary Phillips, im obengenannten Oundle geboren, mit der sie ein jahrelanges freundschaftliches Verhältnis pflegte und sich durch harte Arbeit einen scheinbar ehrbaren Lebensunterhalt verdiente; doch als sie das Alter von 21 Jahren erreichte, wurde sie zu einer sehr schlechten Person, die nicht nur in ihrem Geburtsort Cotterstock ins Gerede kam, sondern auch in Oundle, Glapthron, Benefield, Southwick und anderen benachbarten Orten, und das sowohl bei Kindern von vier oder fünf Jahren, als auch bei Personen reiferen Alters. So wurde ihr Name nach und nach so berühmt oder vielmehr so berüchtigt, daß sie sich kaum noch vor ihrer Haustür sehen lassen konnte, ohne daß die Kinder spottend auf sie zeigten und riefen: »Da geht die Hexe, da geht Nell die Dirne usw.« Diese wiederholte Schande stumpfte ihre Gefühle derart ab, daß sie schwor, sie werde sich an ihren Feinden rächen, selbst wenn sie zu diesem Zwecke ihre Seele verpfänden müßte. Mary Phillips, ihrer den obengenannten Lastern ebenso ergebenen Komplizin, teilte sie dann ihre Gedanken bezüglich eines Pakts mit dem Teufel mit ... So beschlossen beide schließlich in ihrer Verderbtheit Hand in Hand die Gesellschaft des Teufels zu suchen; doch aus einer gewissen Höflichkeit heraus ersparte dieser ihnen die Mühe des Suchens, er fand sich sogleich selber bei ihnen ein, um seine Beute zu beanspruchen, und zwar am Sonnabend, den 12. Februar 1704, um Mitternacht (laut Geständnis der beiden), in der Gestalt eines großen schwarzen Mannes, dessen Erscheinen sie zunächst sehr erschreckte. Doch dieser nahm Elinor Shaw bei der Hand und sprach wie folgt, sei ohne Angst, sagte er, denn so wie ich meine Kräfte nach Belieben anderen übertragen kann, verspreche ich, daß ich, wollt ihr mir eure Seelen nur für ein Jahr und zwei Monate verpfänden, euch während dieser Zeit bei der Verwirklichung aller Wünsche helfen werde. Daraufhin zog er ein kleines Pergament hervor, auf das er mit ihrer Zustimmung und (nachdem er sie in den Finger gestochen hatte) mit ihrem Blut den teuflischen Vertrag schrieb, den sie dann eigenhändig unterzeichneten. Sodann sagte er ihnen, sie seien nun so echte Hexen wie alle anderen, die es auf der

Welt gebe, und daß sie nun die Macht hätten, mit Hilfe der Kobolde, die er ihnen senden werde, nach Belieben jede Missetat zu verüben.

Ich werde Sie nicht weiter mit dem aufhalten, was in den Prozeßberichten erwähnt wird, denn diese sind schon gedruckt bei Ihrem Freund erschienen, und will nur das erzählen, was dort ausgelassen wurde, in Anbetracht des Umstands, daß hier kein Platz ist, um in aller Ausführlichkeit zu berichten; doch was die allgemeinen Geständnisse der beiden anbelangt, verweise ich Sie auf die folgenden Zeilen.

Am Tage vor der Hinrichtung besuchte Mr. Danks, der Geistliche, die beiden Hexen im Gefängnis; zunächst in der Hoffnung, sie in den Zustand der Reue zu versetzen, mußte er bald einsehen, daß alles fromme Reden vergebens war; er ersuchte sie, ihm zu sagen, welche bösen Taten sie vollbracht und welche Art von privatem Verkehr sie hin und wieder mit dem Teufel gehabt hätten, seit der Zeit des fatalen Handels mit ihm. Daraufhin erzählte Elinor Shaw, mit Zustimmung der anderen, daß der Teufel ihnen mehrmals in der Gestalt eines großen schwarzen Mannes erschienen sei und ihnen bei jedem Besuch neue Kobolde mitgebracht habe, manche von roter Farbe, andere von graubrauner und wieder andere von schwarzer, und daß diese teuflischen Geister sie des Nachts besucht hätten; und daß sie mit Hilfe dieser Unholde sehr oft Männer, Frauen und Kinder getötet hätten, zur großen Verwunderung der ganzen Umgebung. Elinor Shaw sagte weiter, ihre bösen Taten seien ihr einziges Vergnügen im Leben gewesen, und daß sie beide durch ihre Verwünschungen und Hexereien innerhalb von neun Monaten fünfzehn Kinder, acht Männer und sechs Frauen ermordet hätten, obwohl niemand dabei an Hexerei dachte, außer im Fall der beiden Kinder und der Frau, wegen deren Ermordung sie jetzt hingerichtet würden; und daß sie in derselben Zeit 40 Eber, verschiedenen armen Leuten gehörend, zu Tode verwünscht hätten, des weiteren 100 Schafe, 18 Pferde und 30 Kühe, was zum völligen Ruin einiger Familien geführt habe: Was ihre besonderen Ränke und Schelmenstreiche anbelangt, fehlt es mir hier an Raum, diese alle aufzuzählen, abgesehen von einigen besonderen Kunststücken, die die beiden im Gefängnis ausheckten. So gingen zum Beispiel Mr. Laxon und Frau eines Tages am Gefängnis vorüber und sahen aus Neugier durch die Vergitterung, worauf Mr. Laxon, als er Elinor Shaw erblickte, sagte, daß der Teufel sie jetzt wie alle seine Diener sitzengelassen habe; daraufhin sah man, wie die besagte Elinor für zwei Minuten seltsam in einer unbekannten Sprache vor sich hinmurmelte, worauf die Kleider von Frau Laxon über deren Kopf hochflogen, höchstmerkwürdig, samt Kittel und allem Sonstigen, und so für einige Zeit erhoben blieben, wobei die besagte Elinor herzlichst lachte. Den Gefängniswärter, der eines Tages drohte, sie in Ketten zu legen, belegten sie mit einem Zauber, der ihn zwang, fast eine Stunde lang im Hof herumzutanzen, sehr zum Erstaunen des ganzen Gefängnisses. Ja, solche Streiche spielten sie während ihrer Haft, daß niemand es wagte, ein schlechtes Wort gegen sie zu sagen, und ihre Hinrichtung wurde wegen dieser häufigen Störungen und Missetaten an verschiedenen Orten der Stadt, ungeachtet der Tatsache ihres Eingesperrtseins, um so eiliger betrieben.

So sehr waren sie in ihrer Schlechtigkeit verhärtet, daß sie sich öffentlich rühmten, ihr Herr und Meister, der Teufel nämlich, werde ihre Hinrichtung nicht erlauben, doch am Sonnabendmorgen des 17. d. M. brachte man sie auf den Galgenplatz im Norden der Stadt, wo sich viele Leute einfanden, um die beiden sterben zu sehen. Am Hinrichtungsort wiederholte der Geistliche seine vorherigen frommen Bemühungen, die beiden zur Erkenntnis ihrer Sünden zu bewegen, doch wie zuvor ohne Erfolg; denn anstatt Gott um Gnade anzuflehen, hörte man nur Unflätigkeiten von ihnen. Ehe man sie auf Verlangen des Geistlichen fesselte, gestand Elinor Shaw jedoch nicht nur das Verbrechen, für welches sie hingerichtet wurde, sondern erklärte auch offen und vor allen Leuten, wie sie anfangs zu einer Hexe wurde; und auch Mary Phillips tat desgleichen. Auf das Verlangen, nunmehr ihre Gebete zu sagen, lachten beide lauthals und riefen den Teufel an, er solle kommen und ihnen helfen, und zwar auf so gotteslästerliche Art und Weise, daß es sich der Erwähnung nicht ziemt; so daß der Sheriff angesichts ihrer vermessenen Verstocktheit die Hinrichtung so schnell wie möglich durchführen ließ; und während sie noch rasende Worte ausstießen, starben sie, die als des Teufels getreue Handlanger gelebt hatten, ebenso entschlossen in seinem Dienst, zum Schrecken aller, die Augenzeugen dieser fürchterlichen und höchst erstaunlichen Hinrichtung wurden.

So starben zwei der berüchtigtsten Hexen unserer Zeit am Galgen.

Ich verbleibe, Sir,
Ihr sehr ergebener Diener
Ralph Davis
Northampton, am 18. März 1705

Die Hexen von Salem

Die Hexenverfolgungen erlebten in der Neuen Welt einen letzten schrecklichen Höhepunkt. Einwanderer schleppten den düsteren Aberglauben ihrer ehemaligen Heimat über den Atlantischen Ozean nach Neu-England ein.

Der Schauplatz dieser blutigen Ereignisse war das kleine Dorf Salem in der Nähe von Boston. Was sich dort im Jahre 1692 zutrug, wird noch immer als das wahrscheinlich berüchtigste Beispiel für Hexenverfolgung überhaupt angesehen. Trotz der Grauenhaftigkeit der Ereignisse oder gerade deshalb ist das Dorf zu einer Sehenswürdigkeit für Touristen geworden, das »Hexenhaus« – wo die Angeklagten verhört wurden – wird jedes Jahr von Hunderttausenden besichtigt. Neben dem Verkauf von Broschüren und sonstigen Veröffentlichungen über die Salemer Hexenjagd, einschließlich des auf Seite 88 abgebildeten Plakats, verwendet die Gemeinde für ihre Lokalzeitung den Untertitel »Nachrichten aus der Hexenstadt«!

In den letzten Jahren des 17. Jahrhunderts war Neu-England eine Brutstätte des Puritanismus, viele Einheimische glaubten wortwörtlich an die Existenz des Teufels und der Hexen als seine Komplizinnen. Vor diesem Hintergrund begannen im Winter 1691/92 die Hexenverfolgungen von Salem.

Einige kleine Mädchen, die sich im Hause des örtlichen Geistlichen, Ehrwürden Samuel Paris, zu treffen pflegten, um den Geschichten der westindischen Dienerin Tituba zu lauschen, behaupteten eines Tages, verhext zu sein. Zwei der jungen Mädchen, Abigail Williams und Ann Putnam, die mit dem Geistlichen verwandt waren, erlitten außerdem Anfälle, während derer sie sich auf dem Boden herumwälzten, sich vor Schmerzen wanden und schrien.

Es dauerte nicht lange, bis auch andere Kinder der Gemeinde das Opfer solcher Anfälle wurden und Panik den Bezirk ergriff. Die Erwachsenen kamen zu dem Schluß, daß

Die alte westindische Dienerin Tituba. Sie erzählte Gespenstergeschichten aus ihrer Heimat und löste damit den Ausbruch des Hexenwahns in Salem, USA, aus. Titubas junge Zuhörerinnen behaupteten, von ihr verhext worden zu sein.

die Anfälle das Werk des Teufels seien, und ihre Befürchtungen schienen sich zu bestätigen, als die Kinder begannen, eine Reihe von alten Frauen – darunter Tituba – der Hexerei anzuklagen.

Innerhalb kürzester Zeit beherrschten Haß und Angst das Städtchen. Die drei Frauen wurden vor den örtlichen Richter geschleppt. Zwei der Frauen wiesen standhaft sämtliche Anklagen zurück; nur Tituba gestand, Böses gegen die Kinder gewirkt zu haben. Sie erwähnte auch noch andere, die angeblich ebenfalls Hexerei betrieben.

Von einem Tag auf den anderen wucherten Verdächtigungen und Denunziationen in Salem und weiten Teilen des Staates von Massachusetts. Jede unbekannte nächtliche Gestalt wurde als der Teufel auf dem Weg zum Haus einer Hexe angesehen, und jedes kleine Tier als eine verwandelte Hexe.

Der Gouverneur, Sir William Phips, versuchte die Ängste zu beschwichtigen, indem er eine richterliche Sonderkommission berief, die in Salem zusammentrat. Während der nächsten Tage hörten die Richter eine erstaunliche Geschichte nach der anderen an und verurteilten – in einem Fall sogar gegen

Cotton Mather, Chronist der Salemer Hexenprozesse und Autor von »The Wonders of the Invisible World«, 1693, vertrat die Ansicht, daß »eine Hexe weder im Himmel noch auf Erden gelitten werden darf«.

Links Vermeintliche Hexen wurden in Amerika genauso schonungslos verfolgt wie in Europa, obwohl sich die Verfolgungen hauptsächlich auf das Dorf Salem im Staate Massachusetts beschränkten. Hier wird eine alte Dorfbewohnerin, Sarah Good, von einem Offizier und Mitgliedern des öffentlichen Sicherheitsausschusses wegen Paktierens mit dem Teufel verhaftet.

Unten Dramatischer Augenblick während eines der Salemer Prozesse: Ein junges Mädchen, das behauptet, besessen zu sein, windet sich vor Richter Jonathan Curwin am Boden und stößt die Namen von angeblichen Hexen aus.

den Beschluß der Geschworenen – nicht weniger als neunzehn Personen zum Tode. Diese neunzehn wurden umgehend an den Galgen gebracht und weitere 200 Männer und Frauen ins Gefängnis geworfen. (Einem über achtzig Jahre alten Gefangenen, der sich weigerte, sich schuldig oder unschuldig zu bekennen, wie es das Gesetz verlangte, wurden zum »Nachdruck« so viele Steine auf die Brust gelegt, bis er zu Tode gequetscht wurde.)

Im Herbst 1692 äußerten einige der besonneneren Gemeindemitglieder jedoch Zweifel an der Wahrheit der Behauptungen der jungen Mädchen, und als die Nachricht von den brutalen Untersuchungsmethoden der Kommission dem Gouverneur zu Ohren kam, löste er diese sofort auf. Das örtliche Gericht übernahm daraufhin das Verfahren gegen die restlichen Angeklagten, und die Richter – nunmehr gründlich ernüchtert – sprachen alle samt und sonders frei. Im Dezember zählte man die Opfer der Verfolgung und mußte eingestehen, daß 32 Personen getötet worden waren.

Gewiß, die amerikanischen Hexenjagden erreichten nie das Ausmaß der europäischen – außer Salem gab es nur Fälle harmloser Natur, die schnell und ohne großes Blutvergießen abgeschlossen wurden. Die kurze Dauer der Hexenjagden und die Tatsache, daß schließlich die Vernunft siegte, bewiesen, daß das Ende eines Jahrhunderte währenden blinden Aberglaubens gekommen war. So schreibt George Lincoln Burr in seinem Werk *Literature of Witchcraft* (1890): »Der Hexenwahn von Salem in Neu-England war nur ein letztes Aufflackern der gräßlichen Flammen, die die europäische Nacht so lange scheußlich erhellt hatten.«

Am Anfang des 18. Jahrhunderts verschwand somit die Hexe – jene Verbündete des Teufels, zu der sie das Mittelalter gemacht hatte – aus dem Bewußtsein der meisten Leute und kehrte in das Reich der Mythen, wohin sie schon immer gehört hatte, zurück. Hexerei, die Ausübung »weiser« Magie zu guten Zwecken, sollte jedoch bis zum heutigen Tag weiterbestehen.

Das Salemer Hexenmotiv findet sich auf Wegweisern, Souvenirs und Landkarten.

Rechts unten Zeitgenössische Darstellung des Hexenprozesses in Salem, USA.

Das Hexenhaus auf der Ecke der Essex Street, Heim des Richters Jonathan Curwin und Schauplatz der Vorverhandlungen gegen vermeintliche Hexen. Das Haus wurde im frühen 17. Jahrhundert gebaut und ist heute eines der ältesten, noch erhaltenen Gebäude in den Vereinigten Staaten.

Das Geständnis der Salemer Jury

Der Vorsitzende: Thomas Fisk
William Fisk
John Bachelor
Thos. Fisk, jun.
John Dane
Joseph Evelith
Thomas Pearly, sen.
John Peabody
Thomas Perkins
Samuel Sayer
Andrew Eliot
H. Herrick, sen.

Wir gestehen, daß wir selbst weder fähig waren, die geheimnisvolle Verblendung durch die Mächte des Bösen zu erkennen, noch ihr zu widerstehen... Nach weiterer Überlegung und neuestem Wissen fürchten wir zu Recht, daß wir und andere, jedoch aus Unwissenheit und ohne Absicht, über uns und unsere Nachbarn die Schuld unschuldigen Bluts gebracht haben . . .

Wir erklären daher hiermit der Welt im allgemeinen (und den überlebenden Opfern im besonderen) unseren tiefen Schmerz und unsere tiefe Reue über unsere Irrtümer... die unseren Seelen sehr viel Kummer und Unruhe bereiten... Wir bitten alle, an denen wir uns ungerechterweise vergangen haben, um Vergebung und erklären, daß wir nach dem heutigen Stand unserer Sinne nie wieder derartiges, aus solchen Gründen, für alle Schätze der Erde, tun werden. Wir bitten Euch, dieses als Genugtuung für unser Vergehen anzuerkennen und Euren Segen den Gaben zu erteilen, die wir vom Herrn erflehen mögen.

Das Zeugnis der Margaret Jacobs

Die demütige Erklärung der Margaret Jacobs an das ehrwürdige Gericht zu Salem: Die arme und demütig sich Euch Erklärende befindet sich streng bewacht im Kerker zu Salem, der Hexerei angeklagt, eines Verbrechens, dessen, dem Herrn sei Dank, ich vollständig unschuldig bin, wie es der Jüngste Tag beweisen wird.

Möge es dem ehrwürdigen Gericht belieben, ich wurde von einigen der Besessenen angeklagt, ich mache sie krank. Daraufhin wurde ich zum Verhör geführt, wo die betreffenden Personen bei meinem Anblick niederfielen, was mich sehr überraschte und erschreckte.

Der Herr im Himmel weiß, daß ich unwissend bin, im höchsten Maße, was oder wer sie krank machte. Man sagte mir, daß, wenn ich nicht gestünde, man mich in das Verlies werfen und hängen würde, wohingegen ich mit einem Geständnis mein Leben retten könne. Man ängstigte mich so sehr, daß mein eigenes schlechtes und böses Herz mich dazu trieb, das Geständnis zu machen, welches ich endlich ablegte, um mein Leben zu retten; dieses Geständnis, wenn es dem ehrwürdigen Gericht beliebt, ist gänzlich falsch und unwahr.

In der ersten Nacht nach meinem Geständnis war ich in solch schrecklichen Gewissensnöten, daß ich nicht schlafen konnte vor Angst, der Teufel werde mich holen für die schrecklichen Lügen, die ich erzählt hatte. Ich habe damals, wenn es dem ehrwürdigen Gericht beliebt, mein Geständnis beschworen, was ich erst später verstand; zu jener Zeit aber wußte ich nicht, was ein Eid bedeutete. Der Herr, auf den ich vertraue, wird, so hoffe ich, aus der Fülle seiner Gnade meinen Meineid vergeben.

Was ich über meinen Großvater und Mr. Burroughs sagte, war völlig unwahr, und solches tat ich, um mein Leben zu retten und meine Freiheit zu erlangen. Doch der Herr legte es mir schwer auf das Gewissen und versetzte mich in solches Entsetzen, daß ich wie außer mir war vor dem Widerruf meines Geständnisses, welches ich tat, obwohl mir der Tod gewiß schien – doch zog ich den Tod mit einem ruhigen Gewissen einem Leben voller Entsetzen vor, daß ich nicht hätte ertragen können.

Sobald ich mein Geständnis widerrufen hatte, wurde ich in den Kerker geworfen, wo ich mich eines tausendmal größeren Seelenfriedens erfreute, als vor meiner Freisprechung.

Und nun, wenn es Euer Ehren beliebt, überläßt die arme und demütig sich Euch Erklärende, die Euer Ehren eine Beschreibung ihres Zustands gegeben hat, es dem frommen und gerechten Ermessen des Gerichts, sich meiner zu erbarmen und mit mir zu verfahren, wie der Herr im Himmel und Euer Ehren es für gut befinden, mit dem Herrn allein als Fürsprecher in meiner Sache; unschuldig im vollsten Maße des Verbrechens der Hexerei und jeder anderen Sünde, die den Tod von menschlicher Hand verlangt; und die arme und demütig sich Euch Erklärende wird auf immer, wie es die Pflicht gebietet, um Eure Glückseligkeit in diesem Leben beten und um Eure ewige Seligkeit im Reich, das da komme. Solches erfleht die sich Euer Ehren Erklärende.

(Margaret Jacobs erste Aussage führte zur Hinrichtung ihres Großvaters George Jacobs, des Geistlichen George Burroughs und des John Willard.)

Weise Männer und Frauen

Männer und Frauen, die sich in ihren Heimatorten als Heilkünstler betätigten, hat es immer gegeben – auch während der drei Jahrhunderte der Hexenverfolgungen. Da zu jenen Zeiten die Medizin noch in den Kinderschuhen steckte – und ausgebildete Ärzte nur für die Reichen da waren – blieb es diesen Männern und Frauen überlassen, ihre hausgemachten Allheilmittel für alle möglichen Leiden, von einfachen Rückenschmerzen bis hin zu geistiger Umnachtung, zu verschreiben und sich auch um das Wohlergehen des Viehs zu kümmern. Daß sie der Aufmerksamkeit der Hexenjäger entgehen konnten, ist fast ausschließlich der Tatsache zuzuschreiben, daß sie sich zu entschiedenen Gegnern der Hexen erklärten. (Sie trieben zum Beispiel Handel mit Zaubersprüchen und Amuletten, die die Ränke der Hexen zunichte machen sollten.)

Diese weisen Männer und Frauen, so glaubte man, erbten ihre Kräfte von einem Elternteil, sie waren in den meisten Fällen der siebte Sohn oder die siebte Tochter eines siebten Sohns. Den Höhepunkt ihrer Popularität erreichten sie im 18. und 19. Jahrhundert, nach der Aufhebung oder doch beträchtlichen Minderung der Strafen gegen die Hexerei überall in Europa. Doch damit war die abergläubische Furcht im Volk nicht beseitigt, sie wurde von den weisen Männern und Frauen sogar kräftig geschürt und ausgenutzt. Es konnte immer noch passieren, daß einfältige Gemüter einen armen alten Greis für schlechte Ernten, den plötzlichen Tod einer Kuh oder sogar für weibliche Unfruchtbarkeit verantwortlich machten. Als Gegenmittel holte man sich Rat bei einem weisen Mann oder einer weisen Frau – oder »Beschwörer«, wie sie in einigen europäischen Ländern genannt wurden.

Im Gegensatz zur »schwarzen Magie« wurde die Tätigkeit der Heilkünstler als »weiße Magie« bezeichnet. Ihre Ausübung war meistens von geheimnisvollen Zeremonien begleitet. Dahinter stand jedoch eine profunde Kenntnis der Kräuter – und der Mentalität der Kunden. Das brachte den Heilkünstlern den Ruf ein, »weise« zu sein! Sie merkten sich jedes Gerücht und jeden noch so geringfügigen Klatsch, beoachteten die Nachbarn auf das Genaueste und waren somit in der Lage, die Leute durch detaillierte Kenntnis ihrer persönlichen Geheimnisse zu beeindrucken und zu beeinflussen. Kristallkugeln und Karten gehörten zu den beliebtesten Requisiten.

In mancher Hinsicht setzten diese »Weisen« die alten Traditionen der Wicca-Anhänger fort: Sie kümmerten sich um Fruchtbarkeit, Gesundheit und Erfolg und erteilten psychologische Ratschläge. Im allgemeinen verehrten sie keinen besonderen Gott (obwohl sich ein hoher Prozentsatz offiziell zum Christentum bekannte), was aber nicht ausschloß, daß sie die Kräfte des Lebens und der Natur verehrten.

Die englische Grafschaft Essex, wo der Hexenwahn seinerzeit besonders stark gewütet hatte, ist von alters her für ihre »weisen« Männer und Frauen bekannt, und es gibt dort auch heute noch Vertreter dieses Gewerbes. Der berühmteste unter ihnen war wahrschein-

lich James Murrell (1780–1860). Er lebte in Hadleigh, einem kleinen Dorf in der Nähe von Southend und erfreute sich des Rufs, ein überdurchschnittlicher Heilkünstler, Wahrsager und Geheimwissender zu sein. Er war in halb England als der »verschlagene Murrell« bekannt. Zu seinen Spezialitäten gehörte die Lösung von Hexen-Flüchen.

Murrell, der sich »des Teufels Meister« nannte, benutzte eiserne Flaschen, in die er Haarbüschel und abgeschnittene Nägel der Person tat, die glaubte verhext zu sein. Sodann erhitzte er den Inhalt dieser Flaschen über einem Feuer und behauptete, daß damit der Fluch aufgehoben und die Macht der Hexen gebrochen sei. Es sollte nicht unerwähnt bleiben, daß die Flaschen des öfteren explodierten und umherfliegende Eisenstücke die Zuschauer verletzten.

In den zahlreichen, unglaublichen Geschichten, die noch heute in Essex über diesen Mann kursieren, heißt es unter anderem, daß er Amulette herstellen konnte, die kranke Tiere heilten, daß er böse Geister austreiben und sowohl den Todestag wie auch die Todesstunde einer Person vorhersagen konnte und – am allererstaunlichsten – daß er die Macht besaß zu fliegen! Offensichtlich begannen die Leute ihn mit denen zu verwechseln, die er eigentlich bekämpfen sollte.

Wie in Europa, so gab es auch in Amerika eine beachtliche Anzahl von magischen Heilkünstlern, insbesondere unter den holländischen Einwanderern in Pennsylvania, die viele ihrer alten Bräuche in die Neue Welt mitgebracht hatten. Mehrere dieser Männer und Frauen haben durch die Ausübung ihrer Kunst im ganzen Land Berühmtheit erlangt. Einer von ihnen, ein gewisser Nelson Rehmeyer, wurde wegen seiner Fähigkeiten sogar ermordet. Die amerikanische Öffentlichkeit mußte im Verlauf des Mordprozesses entsetzt feststellen, welch finsterer Aberglaube in einem der zivilisiertesten Länder der Welt blühte. Der Rehmeyer-Fall diente einer fesselnden Studien über das Phänomen der weisen Männer und Frauen als Hintergrund. Dieses Buch »Hex« von Arthur H. Lewis (1969), wie auch alle anderen Schilderungen des Hexenwesens, bestätigt die vor wenigen Jahren getroffene Feststellung eines englischen Landvikars auf das nachdrücklichste: »Tief im Herzen der Landbevölkerung lebt das Heidentum insgeheim weiter.« Im nächsten Kapitel werden wir jedoch sehen, daß die Heilighaltung einer offensichtlich heidnischen Religion nicht nur auf das flache Land beschränkt ist, sondern sich auch in den Klein- und Großstädten der westlichen Hemisphäre ausgebreitet hat.

George Pickingill, ein weiser Mann aus Essex, konnte angeblich Kobolde herbeirufen und für sich arbeiten lassen.

Links Eine weise Frau wird von abergläubischen Dorfbewohnern in der englischen Grafschaft Dorset mit Hexenstechern und einem Kruzifix bedrängt. Stich aus dem 19. Jahrhundert.

Seltene Photographie von Werkzeugen, die nordamerikanische Indianer zur Hexenvertreibung benutzen: eine hölzerne Maske und ein »Hexenschrecker« aus dem Panzer und Hals der großen Schnappschildkröte.

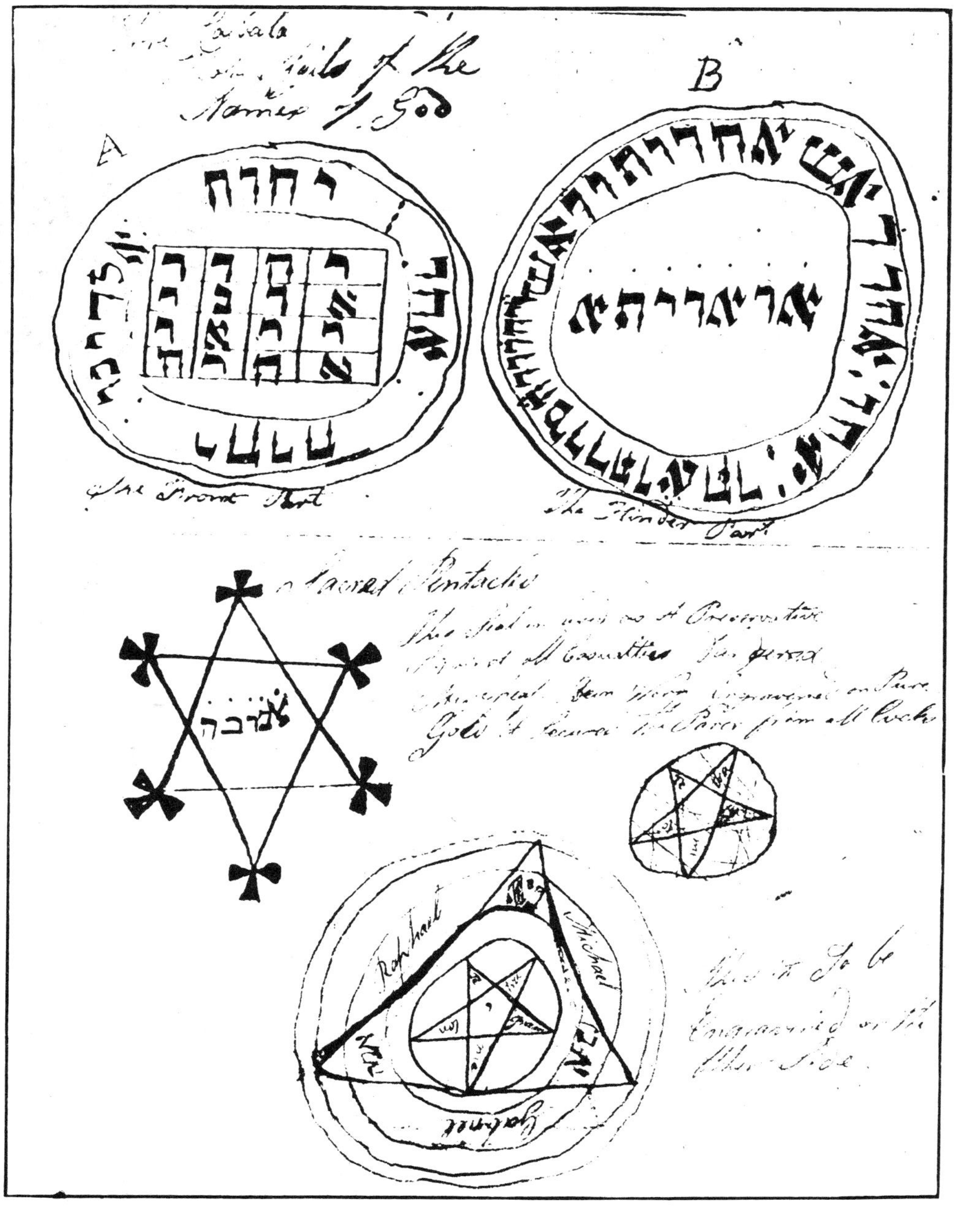

James Murrell (1780–1860) *(Bild oben)* aus Essex, einer der berühmtesten weisen Männer in England und damals weithin bekannt. »Cunning« (=gewitzter)-Murrell, wie man ihn nannte, soll ein erfahrener Astrologe gewesen sein, Hersteller von Zaubersprüchen und Heilkuren und Besitzer des Geheimnisses der Kunst zu fliegen. Er schrieb mehrere Bücher, unter anderem über Zaubersprüche und Beschwörungen (siehe Abbildung einer Seite daraus). Bedauerlicherweise wurden viele unersetzliche handgeschriebene Unterlagen zu den geheimen Künsten der weisen Hexen kurz nach Murrells Tod vernichtet.

Links oben Ein alter deutscher Stich, der die Einstellung der meisten europäischen Nationen zu den weisen Männern und Frauen verdeutlicht. Hier verjagt eine Hexe den Teufel. Stich von Weibe, 1798.

Eines der wirksamsten von Murrells Zaubermitteln gegen Hexerei waren die sogenannten Hexenflaschen. Diese Flaschen wurden von einem Schmied am Orte hergestellt, und Murrell tat dann abgeschnittene Nägel und Haarsträhnen der Person, die sich verhext glaubte, hinein; in der Folge wurde die Hexenflasche über einem Feuer erhitzt. Diese Prozedur sollte der Hexe, die die Verwünschung ausgestoßen hatte, solche Schmerzen bereiten, daß sie ihren Fluch rückgängig machen mußte. Allerdings konnte es auch genausogut passieren, daß die Flasche explodierte!

Ein »weiser Mann« wird entlarft

Ein Schlachter in Essex, dem etliches Vieh abhanden gekommen war, beschloß, zu einem weisen Mann zu gehen, um herauszufinden, was aus seinem Vieh geworden war. So ging er zu einem bekannten Spitzbuben, der (wie das gemeine Volk sagt) in der Schwarzen Kunst bewandert war.

Dieser Gaukler, der einen reichen Lohn in dieser Sache winken sah, willigte ein. Er sprach seine Beschwörungen in einem Zimmer, das er für seine Betrügereien besonders hergerichtet hatte. Alsbald gesellte sich ein Komplize zu den beiden Männern, in eine Kuhhaut gehüllt und mit Hörnern auf dem Kopf.

Der arme Schlachter, der dasaß und in einen eigens für diesen Zweck gefertigten Spiegel sah, erblickte darin die schreckliche Gestalt. Der Spiegel ließ ihm die Gestalt weniger deutlich erscheinen, als wenn er sie direkt angeblickt hätte, doch der Beschwörer hatte ihm befohlen, nicht hinter sich zu blicken, um den Teufel nicht zu beleidigen.

Nach etlichen Zaubersprüchen und Beschwörungen des Gauklers befahl der Komplize und falsche Teufel dem Schlachter, im Osten, Westen, Norden und Süden nach seinem Vieh zu suchen.

Der Schlachter machte sich daraufhin auf die Suche nach seinem Vieh, so wie es ihm der Teufel geraten hatte. Doch nach vielem Suchen und gar keinem Finden erkannte er, daß alles nur ein Spitzbubenstreich gewesen war, und so begab er sich erneut zu dem Beschwörer und verlangte, daß dieser den Teufel noch einmal herbeirufen solle.

Dieses tat der Beschwörer wie zuvor, doch der Schlachter hatte seinen Sohn gebeten, vor dem Haus mit einer großen Dogge zu warten. Der Schlachter pfiff, und der Knabe ließ den Hund wie verabredet los, worauf dieser sofort auf Befehl seines Herren den Spitzbuben in der Kuhhaut anfiel.

Alsbald schrien der Beschwörer und der Teufel: »Um Himmelswillen, ruft Euren Hund zurück.«

»Nein«, sagte der Schlachter, »der Hund gegen den Teufel und der Teufel gegen den Hund. Setzt du deinen Teufel, so wage ich meinen Hund!«

Nach langem Bitten rief er den Hund schließlich zurück und entlarvte so die gauklerische Kunst der Beschwörung.

Thomas Ady, *A Candle in the Dark* (1856)

Die Macht der Hexer

Es kann kein Zweifel daran bestehen, daß die meisten dieser Leute, ob sie sich nun *weise Männer* nennen oder *pow-wower* (indianischer Priester), *Hexer* oder *Braucher* – oder wie auch immer sie sich selbst bezeichnen oder von ihren Kunden genannt werden mögen – durchaus ehrlicher Natur sind. Sie glauben wirklich, daß Gott ihnen durch die heilende Hand von Jesus Christus übernatürliche Kräfte verliehen hat. Die Bibel ist ihre *materia medica,* und so wie die alten Juden an die Kabbala glaubten, glauben auch sie, daß jedes Wort und Symbol eine versteckte Bedeutung hat.

Viele dieser Heilkünstler und viele ihrer Patienten sind nicht nur davon überzeugt, daß weise Männer Heilung bewirken und eine Hexe bannen können, sondern sie glauben, daß sie außerdem selber hexen können. Nur wenige Schwarzkünstler sind bereit, über dieses Detail ihrer Schwarzen Kunst zu reden; und kaum einer wird gestehen, einen Klienten angewiesen zu haben, Gewalt zu gebrauchen, wo alle anderen Mittel versagt haben.

Arthur Lewis, *Hex* (1969)

Eine schwedische weiße Hexe, die die Erlaubnis gab, eine ihrer Heilkuren zu photographieren und nur darauf bestand, »Engstrand Anna« genannt zu werden. Der alten Frau werden magische Kräfte zugeschrieben. Die weiße Hexe bestreicht ihre Patientin, die angeblich durch Hexerei krank wurde, mit einem Zaubergebräu – das unter anderem die Fußnägel der Kranken enthält –, um die bösen Einflüsse zu vertreiben, die das Leben und die Gesundheit der Frau bedrohen. Dr. Hans Hedman, der Bezirksstaatsarzt, räumte ein, daß Leute wie die Engstrand Anna Kranke heilen können. »Ich mit meinem Stethoskop«, erklärte Dr. Hedman, »habe einfach nicht die gleichen Erfolge wie die Alte mit ihren Hexereimethoden.«

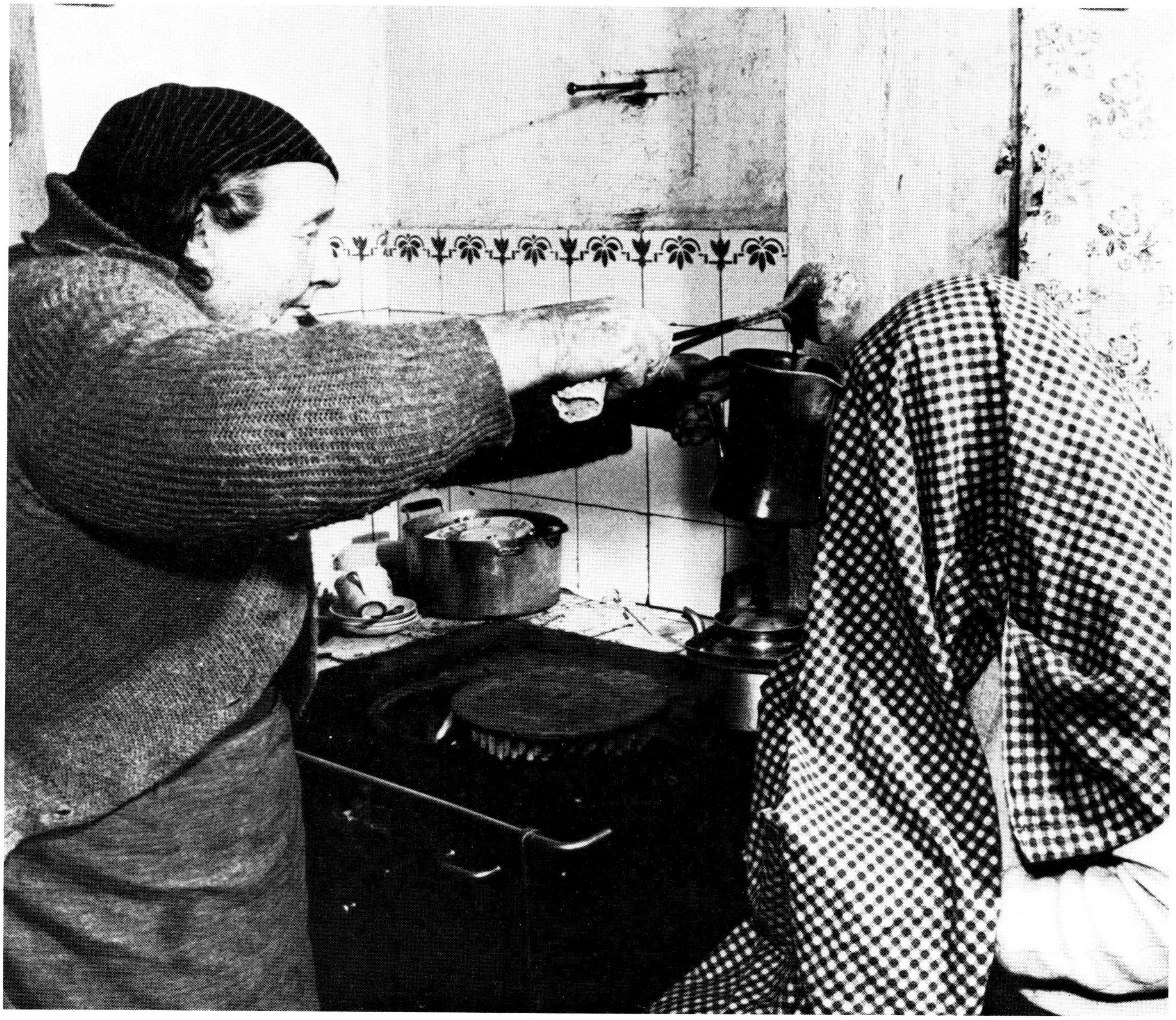

Das Hexenwesen im 20. Jahrhundert

Die Geschichte hat gelehrt, daß das Hexenwesen, nach der Hysterie der Hexenverfolgungen, in den darauffolgenden Jahrhunderten für das Alltagsleben kaum noch Bedeutung hatte. Einzig in den Märchenbüchern der Kinder behauptete das Hexenwesen seinen Platz.

Eine moderne Hohepriesterin des Wicca-Kults mit ihren Kultgeräten. Hinter ihr an der Wand eine der vielen möglichen Darstellungen der Großen Mutter.

Besonders im 19. Jahrhundert wurde der Mythos von der bösen alten Hexe noch gerne verbreitet, ohne jedoch wirklich geglaubt zu werden, wie viele illustrierte Bücher aus dieser Zeit beweisen. Ende des 19. Jahrhunderts indes erlebte das Hexenwesen eine Art Renaissance, und zwar vorrangig in den angelsächsischen Ländern. Hauptinitiatoren waren zwei englische Autoren. Der erste dieser beiden war der Schriftsteller und anthropologische Forscher Charles Godfrey Leland. 1899 veröffentlichte er *Aradia; or, the Gospel of the Witches,* ein Reprint, von dem er behauptete, daß es ein authentisches Dokument sei, das den italienischen Hexen seit Generationen als ›Bibel‹ gedient habe. Er erklärte, eine handgeschriebene Kopie des *vangelo* oder Evangeliums von Maddalena, Nachkommin einer langen Ahnenreihe italienischer Hexen, erhalten zu haben.

Aradia
or the
Gospel of the
Witches

by
Charles G. Leland

London
David Nutt,
270-71 Strand
1899

Das eindrucksvolle Gesicht von Gerald Gardner, dem nach Ansicht vieler Leute das Wiederaufleben des Hexenwesens und seiner Praktiken im 20. Jahrhundert zu verdanken ist. Skeptiker wiederum behaupten, daß Leland die ganze Sache erfunden habe.

Links Charles Godfrey Leland, Autor und Anthropologe, dessen um die Jahrhundertwende erschienenen Werke über das Fortbestehen des Hexenwesens eine wichtige Rolle beim Wiederaufleben des Interesses an diesem Thema spielen sollten. Die italienische Hexe Maddalena lieferte ihm das Material für seine Studien. Das einflußreichste Werk Lelands über das Hexenwesen war »Aradia: or, the Gospel of the Witches«, 1899. Leland entwarf und zeichnete die hier abgebildete Titelseite selbst.

Rechts Der Westinder Rollo Ahmed, ein Experte der Schwarzen Magie und des Voodoo-Kults, beeinflußte ebenfalls die Entwicklung des modernen Hexenwesens nachhaltig. Er schrieb das Buch »The Black Art«, 1936.

Leland kommentierte: »Diese ›Religion‹ war in der Vergangenheit der Glaube vieler Millionen.« Die *Aradia,* behauptete er weiter, erkläre die mystischen Kräfte der Frau: »Die Hexe – abgesehen von ihren tatsächlich vorhandenen Fähigkeiten – stellte einst einen wichtigen Faktor oder eine echte Macht in einer sonst eher gesetzlosen Gesellschaft dar. Bis auf den heutigen Tag herrscht allgemein die Ansicht, daß die Frau von etwas Geheimnisvollem, Unverständlichem umgeben ist, das weder sie selbst noch sonst jemand erklären kann. So wie es in dem Gedicht heißt – ›Denn jede Frau ist eine Hexe in ihrem Herzen.‹«

Die Zeitgenossen begegneten jedoch den Schilderungen Lelands vom Hexenkult mit großer Zurückhaltung. Erst zwanzig Jahre später wurden seine Ausführungen von einer der bedeutendsten Anthropologinnen dieses Jahrhunderts, Dr. Margaret Alice Murray, in zwei Büchern, *The Witch Cult in Western Europe,* (1921), und *The God of the Witches,* (1931), wieder aufgegriffen. Der Einfluß dieser beiden Werke auf die öffentliche Meinung war beträchtlich: Sie stellten den Hexenkult auf wissenschaftliche Basis und schälten als Kern eine alte, vorchristliche Religion heraus, in deren Mittelpunkt eine Fruchtbarkeitsgöttin und ein Gott der Jagd standen. Dr. Murray führte aus, daß es von alters her Hexenzirkel gegeben habe, die sich im geheimen trafen, um ihre alten Götter zu verehren, und legte dar, wie das Verdrehen von halbverstandenen Tatsachen, zusammen mit wildem Aberglauben, zu jenem Bild des Hexenwesens führte, das schließlich die Hexenverfolgungen auslöste.

Im Verlauf der wiedererwachten Diskussion um das Hexenwesen wurde in der Öffentlichkeit die Forderung nach dem Erscheinen einer echten Hexe laut, um die Theorien von Leland und Murray durch Tatsachen zu belegen. Der Mann, dem diese Rolle zufallen sollte, war ein gewisser Gerald Brosseau Gardner, ein pensionierter Beamter und begeisterter Amateurarchäologe. Im Jahre 1949 veröffentlichte Gerald Gardner anonym ein Buch mit dem Titel *High Magic's Aid,* in dem er in romanhafter Form über die Tradition der Wicca-Religion berichtete und ihre heutigen Praktiken und Rituale im Detail beschrieb.

Erst zwei Jahre nach Erscheinen des Buches war Gardner bereit, seine Autorenschaft zuzugeben und zu erklären, daß er nicht nur ein Hexer sei, sondern sogar der »König der Hexer«. Die Öffentlichkeit reagierte skeptisch, und Gardner war bald zahllosen Angriffen in den Medien ausgesetzt. Die Beschuldigungen reichten von »Exzentriker« bis zu »böser Abartigkeit«. Wir wollen versuchen, ein Bild dieser schillernden Hauptfigur des modernen Hexenwesens zu zeichnen.

Gerald Gardner wurde 1884 als Sohn eines reichen Holzhändlers in Lancashire geboren. Einen großen Teil seiner Jugend verbrachte er in der Gesellschaft einer Kinderschwester, die mit ihm wegen seines labilen Gesundheits-

Der Schutzumschlag von Gerald Gardners romanhafter Darstellung des Hexenwesens »High Magic's Aid«, die er unter einem Pseudonym veröffentlichte und die viele genau beschriebene Einzelheiten über den Hexenkult enthält.

Diese Aufnahme wurde mit einer versteckten Kamera gemacht und zeigt eine angebliche sogenannte Schwarze Messe, die von Rollo Ahmed, einem Spezialisten der Schwarzen Magie und des Voodoo-Kults, in den fünfziger Jahren zelebriert wurde.

zustandes Nordafrika bereiste. Als sich dieses Mädchen schließlich in Ceylon verheiratete, beschloß Gardner, auch im Fernen Osten zu bleiben. Bis zu seiner Pensionierung im Jahre 1936 arbeitete er als Tee- und Gummipflanzer und als Zollinspektor. Und er betätigte sich als Amateurarchäologe. Dann kehrte er noch ganz von der Mystik des Fernen Ostens erfüllt nach England zurück, wo er – so erklärte er – zunächst mit einem kleinen Hexenzirkel in der Gegend des New Forest Kontakt aufnahm, dessen Mitglied er schließlich wurde.

Er war so beeindruckt, daß er den Rest seines Lebens der Aufgabe widmete, den Hexenkult zu fördern und andere berühmte Okkultisten seiner Zeit kennenzulernen. Er machte die Bekanntschaft des berüchtigten Aleister Crowley – der sich den Namen »Great Beast« (Große Bestie) verliehen hatte. Crowley beeinflußte Gardner nachhaltig durch seine Vorliebe für komplizierte, stark erotische Riten. Der auf dem Gebiet des Voodoo und der Schwarzen Magie sehr erfahrene Westinder Rollo Ahmed übte ebenfalls großen Einfluß auf Gardner aus. Ahmed sollte später zur Hauptinformationsquelle für die Bücher von Dennis Wheatley über den Satanismus und die Teufelsanbetung werden.

Gardner wurde in dem Entschluß, den Hexenkult öffentlich zu fördern, zweifellos durch die Abschaffung der Hexengesetze bestärkt. Sie waren seit 1735 Teil des Gesetzbuches und wurden 1951 vom Parlament aufgehoben. 1954 erlangte Gardner noch größere Berühmtheit durch das Buch *Witchcraft Today,* das er unter seinem vollen Namen veröffentlichte, und dem 1959 *The Meaning of Witchcraft* folgte. Beide Werke bauten die Theorie einer überlieferten Fruchtbarkeitsreligion weiter aus und beschrieben die Zeremonien, denen sich ihre Anhänger unterwarfen.

Nachträglich bekannt gewordene Materialien lassen vermuten, daß Gardner viele der alten Rituale mit eigenen Ideen anreicherte. (Der Geißelung galt seine besondere Vorliebe.) Gardners Publicitysucht und seine Sensationslust veranlaßten viele Leute, das moderne Hexenwesen ausschließlich als eine Erfindung dieses Mannes zu betrachten. Das Beweismaterial von Dr. Murray und ihren Kollegen scheint diesen Verdacht allerdings überzeugend zu widerlegen.

Nicht wegzuleugnen ist die Tatsache, daß Gardner zur Gründung vieler neuer Hexenzirkel in Großbritannien beitrug, indem er immer wieder darauf hinweis, daß die bereits vorhandene Anhängerschaft ganz normale Leute (Hausfrauen, Bankangestellte, Arbeiter und andere Werktätige) waren. Er weckte damit ein bis dahin noch nie dagewesenes Verständnis für das Hexenwesen. Infolgedessen fanden eine Reihe von Gardners Schützlingen, wie zum Beispiel Eleanor Bone, Monique Wilson und Patricia Crother, den Mut, sich für die Sache des Hexenwesens in Presse, Funk und Fernsehen einzusetzen. Sie hatten damit einen solchen Erfolg, daß sich heute kaum noch ein Widerspruch gegen den Auftritt einer Hexe in den Massenmedien erhebt, wenn man auch den sogenannten »Publicity-Hexen«, die bereits »beim leisesten Knistern einer Fünf-Pfund-Note ihre Hüllen fallenlassen» (so ein Journalist), mit Skepsis oder besser gesagt mit Lächeln begegnet.

Gardner hinterließ bei seinem Tod im Jahre 1964 ein gutbesuchtes Hexenmuseum auf der Isle of Man, dessen Ausstellungsstücke die Vielfalt des Hexenwesens bezeugen, und er hinterließ eine Anzahl von »Schülerinnen«, die seine Version des Hexenkults in Großbritannien, auf dem Kontinent und in Amerika verbreitet haben. Diesen Anhängerinnen von Gardner schlossen sich andere, ähnlich orientierte Gruppen an, wie zum Beispiel die »Alexandrians« unter der Führung von Alex Saunders, der behauptet, »König der Hexen« zu sein – »da mich die Mitglieder von 100 Zirkeln in Großbritannien erwählt haben.«

In Amerika blühte der moderne Hexenkult

Das von Gerald Gardner in Castletown auf der Isle of Man gegründete Hexenmuseum. Es ist eine Touristen-Attraktion ersten Ranges.

Rechts Eine Innenaufnahme aus dem Hexenmuseum, die das Modell eines Hexenzirkels mit den entsprechenden Symbolen und einem Hexenkessel zeigt. (Für eine Zeremonie wird der Kessel gewöhnlich durch einen Altar ersetzt.) Welchen Zweck der von der Decke hängende Alligator hat, ist ungewiß.

Oben Alex Saunders entwickelte eine Variante des Hexenwesens im Stile Gerald Gardners. Saunders beansprucht heute den Titel »König der Hexen«, da er behauptet, von 100 Hexenzirkeln in Großbritannien erwählt worden zu sein. Die Aufnahme zeigt Saunders (links) mit seiner Frau Maxine, der Hohepriesterin seines Zirkels, und einem Assistenten.

Unten Aleister Crowley, selbst proklamiertes »Great Beast« (Große Bestie), dessen Hexensekten und okkulte Experimente beträchtlichen Einfluß auf gewisse Aspekte des modernen Hexenwesens hatten. Diese seltene Photographie zeigt Crowley als Anführer einer Gruppe seiner Schüler, Mitglieder einer als »The Equinox« bekannten Sekte, bei einer Versammlung im Jahre 1910.

Links Patricia Crowther, eine von Gerald Gardners bedeutendsten Hexenschülerinnen, die seine Lehren Hexenwesen überliefert.

sehr viel schneller auf als in England, wahrscheinlich begünstigt durch die Toleranz, die in diesem Lande selbst den ausgefallensten Bräuchen gegenüber geübt wird. Hauptförderer des Wicca-Kults in Amerika sind Raymond Buckland und seine Frau Rosemary von Long Island. Raymond Buckland ist ein Anthropologe, der seinen Hexenzirkel unter der Schirmherrschaft Gerald Gardners gründete. Seine Frau Rosemary ist die Hohepriesterin des Zirkels. Beide eröffneten unlängst das erste nationale Museum für Hexenwesen in Bay Shore auf Long Island, das in vielem Gardners Museum auf der Isle of Man gleicht.

Die bekannteste aller amerikanischen Hexen dürfte wohl Sybil Leek sein, die zunächst in England während einer Werbekampagne für das Hexenwesen populär wurde, dann später nach Amerika ging, wo sie heute im Fernsehen sozusagen zuhause ist, Vorlesungen hält und ausführliche Werke über alle Gebiete des Okkulten veröffentlicht hat. Mrs. Leek, eine charmante, mütterliche Frau, scheute die Konfrontation mit einem amerikanischen Professor nicht, der beweisen wollte, der Hexenkult sei ein Irrglaube – sie erschien mit einer Gruppe von Gläubigen und widerlegte mit Verve jedes seiner Argumente.

Eine andere Hexe, die das Licht der Öffentlichkeit nicht scheut und der das Publikum ähnlich wie Mrs. Leek zunehmend seine Aufmerksamkeit widmet, ist Louise Huebner aus Los Angeles. Louise Huebner behauptet, eine Hexe in der sechsten Generation zu sein. Sie wird ebenfalls oft zu Fernsehsendungen gebeten und ist Verfasserin zahlreicher Zeitungsartikel. Sie lebt an der amerikanischen Westküste. Kürzlich wurde ihr der wohl außergewöhnlichste Ehrentitel, der je einer Hexe zuteil wurde, verliehen – man ernannte sie zur »Offiziellen Hexe von Los Angeles – damit ganz Los Angeles County unter ihren Zauber falle«!

In den letzten Jahren hat eine ständig wachsende Anzahl von jungen Leuten in Amerika verstärktes Interesse am Hexenwesen gezeigt – wie auch ihre Altersgenossen in Europa – doch sollte man hinzufügen, daß nicht alle darin eine alte Fruchtbarkeitsreligion sehen, sondern den Kult eher als Vorwand für sexuelle Ausschweifungen benutzen.

Alles in allem steht der Hexenkult heute in dem Ruf, eine religiöse Randerscheinung zu sein, die von der Mehrheit nicht ernstgenommen wird. Sie ist ganz sicher zu Unrecht verfolgt worden.

Fruchtbarkeitsritus im Bannkreis des Hexenzirkels.

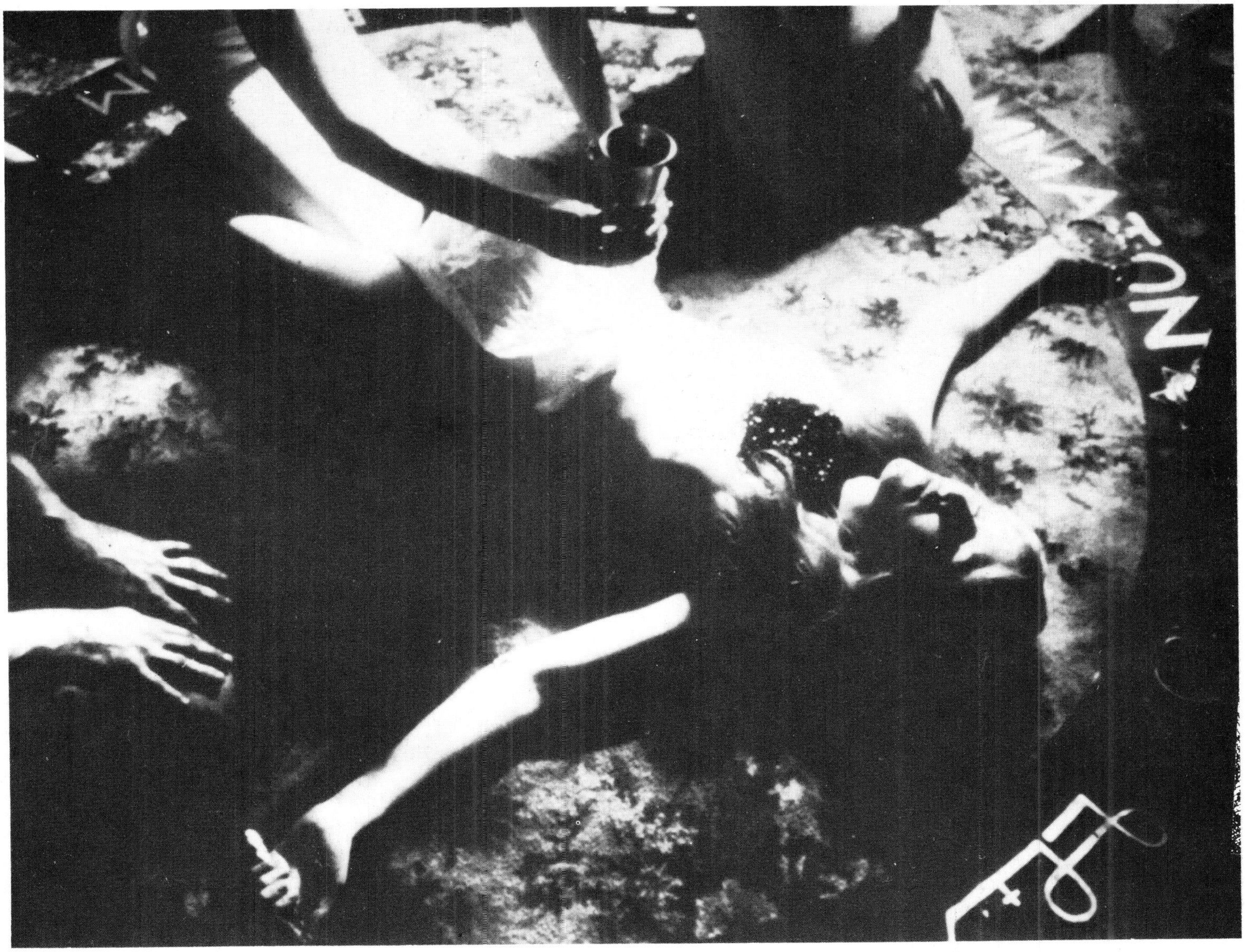

Links außen Der Hauptvertreter der Schule Gerald Gardners in Amerika ist Dr. Raymond Buckland, ein Anthropologe. Er leitet, zusammen mit seiner Frau Rosemary, der Hohepriesterin, in seinem Haus auf Long Island einen Hexenzirkel. Das Ehepaar hat auch ein Hexenmuseum in Bay Shore, Long Island, gegründet, das Gardners Museum auf der Isle of Man gleicht.

Links Louise Huebner, die schöne Praktikantin der okkulten Künste an der amerikanischen Westküste und Autorin verschiedener Bücher, darunter »Power through Witchcraft« (1969). Unlängst wurde sie zur »Offiziellen Hexe von Los Angeles« ernannt – wahrscheinlich die erste selbsterklärte Hexe, die sich einer offiziellen Stellung erfreut!

Rechts Das Hexenwesen zieht eine ständig wachsende Zahl von jungen Leuten an. Diese Gruppe jugendlicher amerikanischer Hexen wurde bei einem Fruchtbarkeitsritus in Kalifornien photographiert.

Mrs. Monique Wilson, eine Schülerin von Gerald Gardner, die zusammen mit ihrem Ehemann das Hexenmuseum auf der Isle of Man leitet.

Links Sybil Leek, wahrscheinlich die berühmteste Hexe in Amerika und Star in Rundfunk und Fernsehen. Mrs. Leek gründete ein weitverzweigtes Geschäftsimperium auf der Basis ihrer okkulten Fähigkeiten.

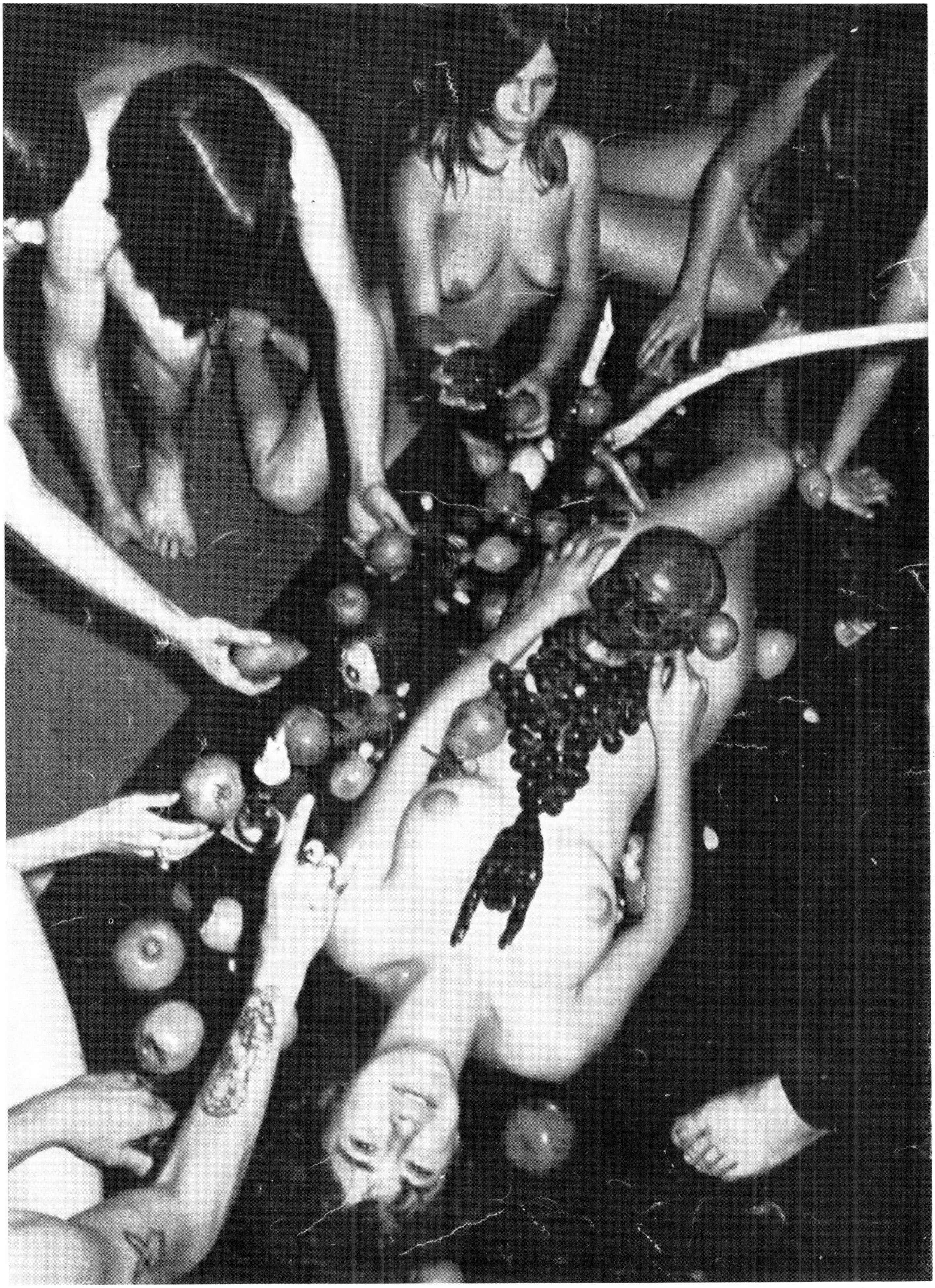

Obwohl die Wahrheit über das endlich vom Aberglauben befreite Hexenwesen allenthalben akzeptiert worden ist, wie wir gesehen haben, so gibt es dennoch abgeschiedene Gebiete auf der Erde, wo die alte Furcht vor dem Teufel und jenen, die man mit ihm verbündet glaubt, weiterlebt.

Trotz aller scheinbaren Zivilisation begegnet man in vielen Ländern noch immer der Vorstellung, daß eine Hexe jemand ist, der anderen zu schaden sucht und seine Macht vom Bösen bezieht. Solche Vorstellungen sind besonders in den entlegeneren Regionen der unterentwickelten Länder verbreitet – doch nicht ausschließlich, denn der Aberglaube blüht in Europa genau so wie in den abgelegenen Gebieten Afrikas und Südamerikas. Einige wenige Beispiele sollten genügen, um den fortdauernden, weltweiten Einfluß des Hexen- und Zauberwesens in all seinen Erscheinungsformen zu umreißen.

Unter den Ländern mit einer langen Tradition des Hexenwesens hätte man von Deutschland mit seiner schrecklichen Geschichte der Verfolgung und des Blutvergießens wohl am ehesten erwarten dürfen, daß es sich während des bemerkenswerten politischen und sozialen Aufschwungs der letzten Jahre von allem Aberglauben befreien würde. Dennoch gibt es in Deutschland, wie einem offiziellen Bericht der Regierung zu entnehmen ist, anscheinend immer noch mehr angebliche Hexen der traditionellen Art als in fast jedem anderen Land.

Eine Umfrage ergab, daß noch schätzungsweise 10000 »Hexenkünstler« verschiedene Formen der Weißen und Schwarzen Magie praktizieren, und daß auf Grund ihrer Tätigkeit jedes Jahr bis zu siebzig Klagen, die auf irgendeine Art und Weise mit Hexerei zu tun haben, vor westdeutsche Gerichte kommen! Der Bericht, der starkes öffentliches Interesse erregte, kam zu dem Schluß, daß »fast jede Stadt noch ihre Hexe hat und fast jedes Dorf seinen ›Diener des Teufels‹«.

Man braucht sich nur die deutschen Zeitungen und Gerichtsarchive anzusehen, um die Gültigkeit dieser Aussage zu prüfen. Die Hexentradition ist so sehr im Volk verwurzelt, daß getreue Anhänger noch immer jedes Jahr die Walpurgisnacht feiern, der Sage nach die Nacht des Zusammentreffens aller europäischen Hexen auf dem Brocken zum großen alljährlichen Festschmaus mit dem Teufel. (Der berühmte englische Hexenforscher Harry Price veranstaltete eine Zeremonie auf dem Brocken, die feststellen sollte, ob an den Legenden über die Kräfte, die angeblich auf dem Brocken erweckt werden können, etwas Wahres sei – ohne Erfolg.)

Sizilien ist nach Deutschland wahrscheinlich an zweiter Stelle der »hexenbesessenen« europäischen Landstriche zu nennen. Hier wird der »böse Blick« der Hexen am meisten gefürchtet, denn es heißt, ein Jünger der Schwarzen Kunst brauche jemanden nur anzublicken, damit dieser vom Unglück heimgesucht werde.

Rechts Ein moderner Medizinmann verabreicht Ratschläge und Zaubersprüche zugleich.

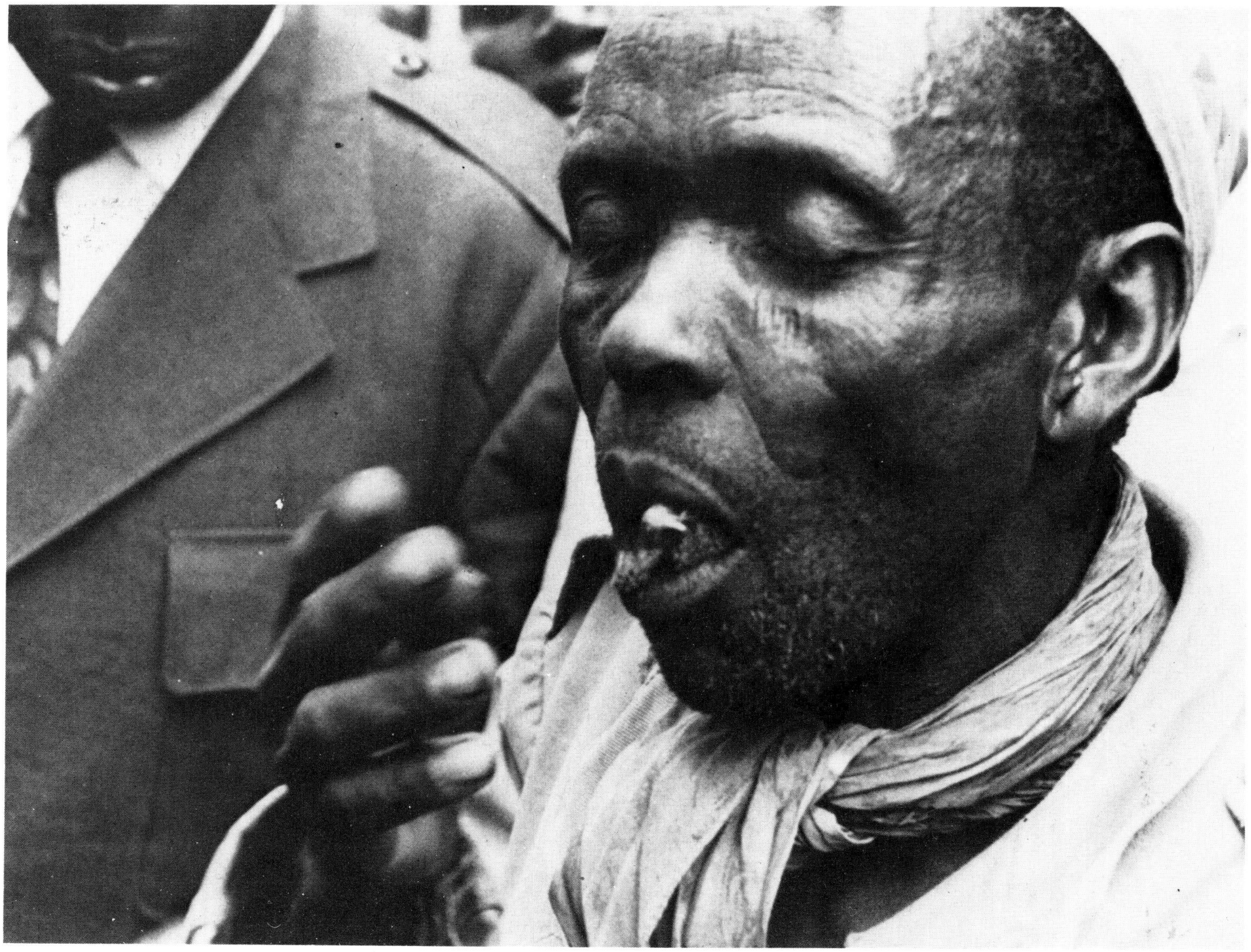

Eine in Afrika gebräuchliche Methode um festzustellen, ob eine Person schwarze Magie betreibt. Der Angeklagte muß einen kleinen Frosch verschlucken – wenn der Frosch zappelt und sich nicht verschlucken läßt, ist der Angeklagte unschuldig; läßt sich das Tier ohne weiteres hinunterschlucken, ist der Angeklagte schuldig.

Aus diesem Grund sind viele Häuser in Sizilien mit dem Symbol des Auges verziert, von dem behauptet wird, es schütze die Bewohner vor jeglichem Hexenzauber. Die Insel beherbergt ein ganzes Heer von erfolgreichen Zauberern – einige von ihnen stehen angeblich mit dem Teufel im Bunde –, die sich der einträglichen Beschäftigung widmen, Horoskope zu stellen, Zaubersprüche zu verfassen und Amulette gegen vermeintliches Hexenwerk zu verkaufen. Und dazu machen sie noch ein blendendes Geschäft mit Liebestränken! Sogenannte »Glücksbringer« findet man noch heute in ländlichen Gebieten – sie bestehen aus einem Stierkopf auf einem Pfahl und sollen, für ein entsprechendes Entgelt, ein sorgenfreies Jahr garantieren.

Die seltsamen Machenschaften der Zauberer kamen neuerdings im Zusammenhang mit dem Fußballspiel, der großen Leidenschaft der Italiener und der Sizilianer insbesondere, ans Licht. Einige dieser Männer behaupteten, eine Mannschaft gewinnen oder verlieren lassen zu können. Ein gewisser Salvatore Caizzone, »Der Magier von Peloro«, drohte dem Fußballverein von Messina mit dem Gericht, als sich der Verein nicht an dem Angebot Caizzones, seine Kräfte zum Erzielen besserer Erfolge zur Verfügung zu stellen, interessiert zeigte. »Mit meinen Kräften«, behauptete er, »kann ich den Bann des bösen Blicks brechen, der Messina vor vier Jahren auf den dritten Rang absinken ließ.«

Der Verein war der Meinung, es sei Caizzone gewesen, der die Mannschaft von Anfang an mit dem bösen Blick belegt habe, und nach Einreichung seiner Klage errangen sie einige beachtliche Siege.

Afrika muß ebenfalls als eines der Heimatgebiete des Hexenwesens angesehen werden. In den meisten Entwicklungsländern haben Medizinmänner noch immer dieselbe ungebrochene Macht und denselben unverminderten Einfluß wie seit Urzeiten. Mehrere afrikanische Staaten haben besondere Gesetze gegen das Hexenwesen erlassen, um die Ausbeutung der Abergläubischen zu verhindern, insbesondere der leicht zu beeindruckenden Landbevölkerung.

Andererseits ist das Hexenwesen auch in den Dienst der Wirtschaft gestellt worden. Der Besitzer einer Fabrik in Johannesburg, in der kleinere Diebstähle besonders häufig vorkamen, engagierte beispielsweise einen Hexer und informierte alle Arbeiter über dessen Anwesenheit. Wie ein Sprecher der Firma später erklärte, hatte dies »einen unbestreitbaren psychologischen Einfluß auf die Arbeiter gehabt, die danach ihrer Tätigkeit gewissenhafter nachgingen.«

In den abgelegeneren Gebieten Afrikas hat sich bei vielen Stämmen das Amt des Medizinmanns erhalten. Der Medizinmann geht weiterhin seine alten Gewerbe der Heilkunst und der Beschwörung nach, indem er sich mit einer Mischung aus Tanz, dem Brauen von Tränken und sonstigem Hokuspokus bedient. Menschenopfer, die einst sehr verbreitet waren, werden heute durch Tieropfer ersetzt, und an Stelle von bemalten Körpern und gefiedertem Kopfschmuck sieht man heutzutage immer häufiger europäische Kleidung und Schuhe. Der Tauschhandel ist der Zahlung mit Bargeld gewichen, und einige der berühmten Medizinmänner sind Millionäre mit Haus- und Grundbesitz, Geschäften und Vertretern, die ihre Patentmittel in ganz Südafrika verkaufen.

In Südamerika ist der Hexenglaube ebenfalls weit verbreitet, und in Brasilien sind verschiedene Karnevalsfeste und Feiertage ausgesprochen mit okkulten Elementen durchsetzt. Zauberer und Medizinmänner machen während dieser Festtage gute Geschäfte, und die Behörden sind der Ansicht, daß viele Leute diese Männer und Frauen noch immer so sehr fürchten, daß sie selbst bei Betrug nicht vor Gericht gehen.

Obwohl von Todesfällen im Zusammenhang mit dem Hexenwesen heute selten zu hören ist, kommen Tötungen doch noch vor. In Indien gibt es zum Beispiel eine Hexensekte, die sogenannten »Seelendiebe«, von denen behauptet wird, sie würden gelegentlich Kinder aus kleineren Dörfern entführen und sie für Zeremonien der Schwarzen Magie verwenden. Anfang 1973 wurde aus dem Staat Bihar berichtet, daß der wutentbrannte Pöbel wenigstens dreißig dieser Leute erschlagen oder verbrannt hatte.

Kurz nach diesen Geschehnissen wurde in Mexiko bekannt, daß die Polizei in Ciudad Victoria einen Hexenring aufgedeckt habe, dessen Mitglieder angeblich mindestens zwölf Menschen rituell geopfert hätten.

Von den Medizinmännern der Ureinwohner Australiens wird behauptet, daß sie jeden, der sich ihnen widersetzt, zu »Tode singen« können. Die zuständigen Behörden haben in den letzten Jahren mehrfach versucht, verschiedene Personen wegen Mordes vor Gericht zu stellen, ohne Erfolg jedoch, da sich keine Zeugen fanden, die bereit waren, auszusagen.

1969 kam es in Ungarn beinahe zu einem erneuten Ausbruch von Hexenwahn allerschlimmster Art, als eine Gruppe von sechs Zigeunern versuchte, eine alte Frau, die sie für eine Hexe hielten, zu verbrennen; einer der Männer war von einem großen schwarzen Hund vom Fahrrad gezerrt worden. Der Hund verschwand in einer Kate – und gleich darauf trat die alte Frau heraus! Der abergläubische Mann war überzeugt, daß die alte Frau die Gestalt des Tieres angenommen hätte. Er begab sich noch in derselben Nacht mit fünf Genossen zu ihrem Haus. Sie fesselten die alte Frau an einen Pfahl und legten Feuer an. Nur das schnelle Eingreifen des Sohnes der Frau, der die Entführung beobachtet hatte, bewahrte die Frau vor einem qualvollen Tod. Die Zigeuner wurden später verhaftet und zu fünf Jahren Gefängnis verurteilt.

Im Fernen Osten begegnet man dem Aberglauben auf Schritt und Tritt, wie die letzten

Afrikas Hexen heute: Ein Medizinmann tanzt barfuß in glühender Asche zum Beweis seiner Zauberkraft.

Abbildungen in diesem Kapitel zeigen. Ungeachtet der hochentwickelten Technologie und Zivilisation in Japan blühen die Geschäfte der Wahrsager und Zauberer auch hier noch immer. Wegen der besonderen Macht, die man ihnen über die Elemente zuschreibt, wird ihre Hilfe häufig zum Verhindern von Erdbeben und Flutkatastrophen und zur Bekämpfung von Feuern, gegen die sich die Feuerwehr als machtlos erweist, in Anspruch genommen.

Auch im kommunistischen China ist der alte Aberglaube noch nicht gänzlich ausgestorben, und in den Landbezirken stellen Wahrsager und Straßenzauberer noch heute Amulette her, verfassen Zaubersprüche und sagen die Zukunft voraus.

Die Fortschritte der Zivilisation werden scheinbar niemals alle Zweifel, die wir in den dunkleren Bereichen unserer Seele hegen, zerstreuen. Das Hexenwesen – ob gut oder böse, Aberglaube oder alte Fruchtbarkeitsreligion – hat seit Jahrhunderten seinen Platz im Bewußtsein des Volkes, und so wird es zweifellos auch weiterhin bleiben.

Ein traditioneller Medizinmann überwacht ein Menschenopfer, das das Wohlergehen des Stammes sichern soll.

Hexenzauber erweist sich als machtlos

Wernigerode, Deutschland. Eine Gruppe bedeutender deutscher und englischer Forscher auf dem Gebiet übersinnlicher Phänomene bestieg in der vergangenen Nacht den Brocken, Deutschlands Zauberberg, um dort mit Hilfe eines alten Rituals zu versuchen, einen Bock in einen jungen Mann zu verwandeln. Aber aus irgendeinem Grund blieb der Erfolg aus.

Das Fehlschlagen des Experiments kann nicht einem Irrtum bei seiner Durchführung zugeschrieben werden, denn die Forscher erfüllten alle Bedingungen, die in den deutschen Vorschriften für Magie für solche Zwecke enthalten sind. Die Vorschriften gehen übrigens auf Prozeduren, die die fähigsten Hexen des Mittelalters anwendeten, um ans Ziel ihrer Wünsche zu gelangen, zurück.

Wie es die Zauberformeln verlangten, stand den Forschern eine »reine Jungfer«, ein Fräulein Urta Bohn, zur Seite. Die Ziege wurde mit Blut und Honig und einer von Kirchenglocken abgeschabten Substanz eingerieben; man entfachte ein Feuer aus Kiefernholz, zog einen Kreis der vorgeschriebenen Größe, und alle murmelten die lateinischen Beschwörungen, die die Zauberformeln vorschrieben.

Nun – man bedenke, daß Hexen seit Menschengedenken auf dem Brocken verkehren. Man erinnere sich auch daran, daß sogar Goethe in seiner Fausttragödie erklärt, der Brocken sei ein Ort, wo Ungewöhnliches geschähe:

Die Hexen zu dem Brocken ziehen,
Die Stoppel ist gelb, die Saat ist grün,
Dort sammelt sich der große Hauf,
Herr Urian sitzt oben auf.

Wie es die Zauberformel verlangte, führte man den Bock an einer silbernen Kordel in den magischen Kreis. Nachdem er gesalbt worden war, warf man ihm ein weißes Laken über. Sodann dröhnte Harry Price, Direktor des *National Laboratory of Psychic Research* in London, mit seltsam monotoner Stimme: »Eins!«, dann zählte er mit genau den richtigen Pausen bis zehn weiter.

An die hundert wegen des aufsteigenden Nebels in Mäntel gehüllte Zuschauer sahen atemlos zu.

Die reine Jungfer zog das weiße Laken herunter.

Und da stand der Bock, nicht gerade in bester Verfassung mit all dem Blut und Honig und dem Abgeschabten von Kirchenglocken, und zitterte vor Kälte.

Die Zuschauer klatschten herzlich Beifall, und die Forscher verkündeten, sie seien mit dem Ergebnis zufrieden. Sie hätten ohnehin nicht erwartet, daß der Zauber wirken werde. Es habe sich nur darum gehandelt, durch ein gewissenhaftes Experiment zu beweisen, daß an diesen ganzen Hexereigeschichten nichts dran sei.

Washington Star, 28. Juni 1932

Hexenexperiment in Deutschland: Harry Price, der Direktor des »National Laboratory of Psychical Research« und seine Assistenten versammeln sich auf dem Brocken, um ein Zauberritual durchzuführen. Harry Price (rechts) hält den Bock, der in einen Mann verwandelt werden soll. Neben ihm Professor Joad und Fräulein Urta Bohn, die »reine Jungfer«.

Ärzte untersuchen Afrikas Medizinmänner

Bislang war man immer davon ausgegangen, daß die moderne Medizin den Medizinmann »vertreiben« werde. Doch seine Zauberkräfte sind wirkungsvoll wie eh und je – hauptsächlich auf Grund seines starken psychologischen Einflusses auf seine Patienten. So erklären heute führende englische Ärzte, in Übereinstimmung mit der Weltgesundheitsorganisation (WHO), daß die Methoden der Medizinmänner für die Schulmedizin von großer Wichtigkeit werden könnten.

Der entscheidende Punkt dabei ist, daß die charismatische Autorität des Arztes selbst therapeutische Wirkung haben kann. Genau auf diese Art und Weise verhilft unter Umständen auch der Medizinmann dem Kranken – ohne jede Arznei – zur Gesundung. Trotz zahlreicher Theorien ist das Phänomen der »heilkräftigen« Autorität noch niemals ernsthaft untersucht worden. Die Ärzte am *Royal College of General Practitioners* hoffen, nach gründlichen Forschungen demnächst ein Ergebnis vorlegen zu können.

Tatsächlich haben Medizinmänner und praktische Ärzte vieles gemeinsam. Der eine verabreicht Schlangenblut, der andere, mit gleichem Erfolg, Placebos – Tabletteb, die keine Wirkung auf den physischen Zustand des Patienten haben. Wer einnimmt, der glaubt, und glauben ist heilkräftig. Eine Untersuchung zeigte, daß Angina-pectoris-Kranke nach Einnahme einer »schmerzstillenden« Tablette, in Wirklichkeit doppeltkohlensaures Natron, sich wesentlich besser fühlten.

Diese Tabletten »wirken«, weil wir an die Wirkung der Mittel glauben, die der Arzt verschreibt. Einem Eingeborenen, der von Kindheit auf an Kräuterkuren und an seine Medizinmänner gewöhnt ist, würden unsere Medikamente nicht helfen. Die Gesundheit der australischen Ureinwohner soll sich »katastrophal« verschlechtert haben, seitdem in der westlichen Medizin geschulte Ärzte die Medizinmänner verdrängt haben. Die Ärzte wollen herausfinden, ob und wie empfänglich westliche Patienten für die Methoden des Medizinmannes sind. Sie glauben, daß das Verlangen nach psychologischer Hilfe und Vertrauen ständig wächst. Heute kann man kaum noch genau zwischen Krank- und Gesundsein unterscheiden: Schlaflosigkeit, Sorgen und Ängste sind zu echten medizinischen Problemen geworden, und für diese gibt es nur allzu oft keine pharmazeutischen Mittel.

In vielen Fällen sind gesundheitliche Probleme mit sozialen Problemen verzahnt, und die Ärzte drängen verständlicherweise auf entsprechende Beachtung. Gleichzeitig stehen sie aber zunehmend unter dem Druck, sich vorrangig als Fachärzte und weniger als »seelsorgerische Ratgeber« oder »Medizinmänner« zu betätigen. Die Gesundheitsbehörden sind der Ansicht, daß ihnen diese Aufgabe die Sozialarbeiter abnehmen sollten.

Die Ärzte stimmen dem zwar bei, weisen aber gleichzeitig darauf hin, daß keine gültigen Entscheidungen getroffen werden können, ehe man nicht weiß, welche Bedeutung der Arzt selbst als Element der Therapie hat.

Denn, so heißt eine These, ebensowenig wie die australischen Ureinwohner auf den »Zauber« der westlichen Medizin reagieren, sprechen die Patienten auf den Sozialarbeiter an, da diesem die Möglichkeit der rituellen Untersuchung im Behandlungszimmer fehlt.

Dr. T. Adeoyne Lambo, der stellvertretende Generaldirektor der Weltgesundheitsorganisation WHO, schreibt in der Zeitschrift *World Health:* »Die Menschen jeglicher zivilisatorischer Schattierung brauchen auch heute noch das Ritual. Die Menschen vereinsamen mehr und mehr und verlangen nach einem Gesprächspartner, um ihren Gefühlen Luft zu machen.«

Dr. Lambo vertritt auch die Ansicht, daß die Medizinmänner in den Entwicklungsländern offiziell anerkannt werden sollten. Tatsächlich räumen Ärzte der Schulmedizin in Afrika bereitwillig ein, daß die moderne Medizin zwar den Körper des Afrikaners, nicht aber seine Seele kurieren kann. Viele afrikanische Medizinmänner sind hochgebildet. Manche verdienen mehr als ein Facharzt in der Harley Street. Der berühmteste Medizinmann ist Khotso Sethuntsa, der in Lusikisiki im Transkei praktiziert. Ihm gehören 41 Farmen, acht Handelsgeschäfte, vier amerikanische Straßenkreuzer – und 16 Frauen! Kein englischer Facharzt kann sich solch reicher Beute rühmen.

Bei den primitiven, von der Zivilisation unberührten Stämmen herrscht der Medizinmann häufig wie ein König oder Diktator; auf Hochzeiten erfüllt er mitunter in der Hochzeitsnacht sogar die ehelichen Pflichten des Bräutigams.

Westliche Ärzte begannen die Medizinmänner ernstzunehmen, als bekannt wurde, daß die Hypnose – seit Jahrhunderten eines der Grundelemente der Kunst der Medizinmänner – zu den erstaunlichsten physischen Reaktionen führt.

Dr. J. E. Cawte faßt im *Medical Journal of Australia* zusammen: »Der Medizinmann ist hochgebildet. Unter Umständen hat er eine Stellung des Vertrauens und der Verantwortung inne, die der unsrigen nicht nachsteht. Und das veranlaßt uns zu der Frage, ob es für uns Ärzte möglich ist, unsere Autorität zu nutzen, um, wie der Medizinmann, durch den Glauben zu heilen, ohne dabei unsere Rolle als Wissenschaftler aufzugeben?
Die praktischen Ärzte in England hoffen, auf diese Frage bald eine Antwort präsentieren zu können.

John Illman, *The Sunday Times,* 1974

Afrikanischer Medizinmann mit heilkräftigen Figuren.

Mitunter werden sogar kleine Kinder von ihren Eltern in den Hexenkult eingeweiht, wie hier zum Beispiel die sechs Jahre alte Adrina Unsworth, deren Mutter Mrs. Marion Unsworth Hohepriesterin ist.

Hexenkult im tiefsten Brooklyn

Ich hatte noch nie mit einer Hexe gesprochen – und schon gar nicht am Telefon!

Irgend jemand hatte mir gesagt, in Broklyn gäbe es einen Hexenzirkel und mir eine Telefonnummer anvertraut. Eine männliche Stimme am Apparat lud mich ein, zu einem Gespräch vorbeizukommen.

Hexenwesen und andere Formen des Okkulten sind in den Vereinigten Staaten Teil der augenblicklichen Suche der jüngeren Generation nach befriedigenderen Formen geistigen Erlebens. Offensichtlich wenden sich die jungen Leute in erster Linie jenen verschiedenen okkulten Relikten zu, die selbst die Jahrhunderte nicht haben zerstören können.

Im Museum für Amerikanische Volkskunst in New York wurde vor kurzem eine Ausstellung für okkulte Kunst eröffnet. Sie beweist, wie viele dieser Restformen es noch gibt. Unter anderem werden Gegenstände gezeigt, die Praktizierende des Voodoo-Kults in Louisiana verwenden, des weiteren mit Schlangen umwundene Zauberstäbe, die für den Klapperschlangenkult in den Appalachian Mountains gebraucht werden und Zauberamulette, wie sie die holländischen (in Wirklichkeit deutschen) Einwohner Pennsylvanias für ihre »Hexerei« benutzen.

Was den Hexenkult anbelangt, so gehen die Vermutungen dahin, daß die Riten in walisischen Familien von Generation zu Generation weitergegeben wurden. Wie zur Bestätigung hat ein Zirkel der *Welsh Traditionalist Witcher* in einer Ecke der Ausstellung zwei Altäre errichtet, auf denen traditionelle Gegenstände wie zum Beispiel ein Kessel, ein *Book of Shadows* und die Figuren zweier Gottheiten, einer Muttergöttin und eines gehörnten Gottes, zu sehen sind.

All dies wurde mir während meines Besuchs von Mr. Ed Buczynski, dem Hohepriester des Zirkels von Brooklyn, erklärt. Wir trafen uns, nicht auf einer sturmumtosten Heide, sondern in dem winzigen Hinterzimmer eines kleinen Geschäfts, wo der einzig sichtbare Besenstiel offensichtlich als Haushaltsgerät diente. Mr. Buczynski bot mir Tee und Krapfen an und langte selbst herzhaft zu, während wir uns unterhielten.

»Eine Hexe«, sagte er, »kann entweder ein Mann oder eine Frau sein, und das Ziel der Walisischen Traditionalisten ist es, in jedem Zirkel eine ausgewogene Anzahl zu haben.« Er selbst sei 26 Jahre alt. Er habe nun seine Prüfung für das Amt des Hohepriesters bestanden, und ihm unterstünden zwei Hexenzirkel zu je sieben Hexen, der eine ein innerer, der andere ein äußerer »court« (Hof).

»Es ist eine schöne Religion«, fuhr er fort, »die die Verehrung des Lebens verlangt und die Anbetung heidnischer Naturgötter in der Gestalt einer Muttergöttin und eines gehörnten Gotts. Die Göttin steht für Fruchtbarkeit, der Gott für Wiedergeburt. Unsere Riten sind von brythonischen und walisischen Ursprungsformen, so wie sie im 12. Jahrhundert verwendet wurden, abgeleitet.«

Der Hexenzirkel trifft sich einmal in der Woche. Die Hauptriten finden bei Vollmond, alle Vierteljahr zu Hallowe'en, Lichtmess, Walpurgis und Lammas, zu den Sonnenwenden und zur Tag- und Nachtgleiche im Frühling und Herbst statt. Bei solchen Gelegenheiten bevorzugen die Hexen freies Gelände, das sie sich weit außerhalb von New York City suchen.

Dort vollführen sie ihre magischen Riten, und zwar indem sie »das Magische aus ihren Körpern ziehen und zu einem Kegel konzentrierter Kraft aufbauen« und dann versuchen, es in die dafür bestimmten Bahnen zu lenken. Dies wird durch Tanzen »bis zur Ekstase« erreicht.

Manchmal seien sie auch auf Besenstielen herumgeritten, berichtet Mr. Buczynski, oder zumindest auf phallusförmigen Stecken. Besenstiele seien ja schon immer Fruchtbarkeitssymbole gewesen, die die Ernten ertragreicher machen sollten, und die Walisischen Traditionalisten hätten den Brauch des Reitens auf Besenstielen und des In-die-Luft-Springens übernommen.

»Und wie ist das mit der Magie?« fragte ich. »Wozu wird die gebraucht?« Magie, antwortete Mr. Buczynski, sei entweder schwarz oder weiß; es sei durchaus möglich, daß manche Zirkel Schwarze Magie praktizierten. Aber die Walisischen Traditionalisten beschränkten sich auf die weiße Form der Magie, da sie glaubten, daß jedes Tun, ob gut oder schlecht, auf den Täter dreifach zurückkommen werde.

Der Hexenkult sei keine Teufelsanbetung und habe auch nichts damit zu tun. Auch sei an den Riten seines Zirkels nichts eindeutig Sexuelles. Im Gegensatz zu einigen anderen Zirkeln tanzten sie nicht im »Gewand des Himmels« – also nackt –, sondern trügen während der Riten immer ihre Roben.

Seine Zirkel widmeten sich hauptsächlich der Heilkunst. Sie hätten damit einigen Erfolg gehabt, behauptete er, zum Beispiel bei einem Knaben mit starken Herzgeräuschen, und es sei ihnen gelungen, eine Frau mit einer schweren Herzkrankheit vor dem Operationstisch zu bewahren. Im Augenblick arbeiteten sie an der Heilung eines Unterleibskrebses, der sich aber als hartnäckig erweise.

Mr. Buczynski hatte sich erst im vergangenen Sommer dazu entschlossen, von der Existenz seiner Hexenzirkel öffentlich Kenntnis zu geben. Zuvor waren sie wie viele andere Zirkel in den Vereinigten Staaten eine Art Untergrundbewegung gewesen. Bis jetzt sei es noch nicht zu irgendwelchen offenen Feindseligkeiten gegenüber dem Wiederaufleben des Hexenkults gekommen, doch halte er es für möglich, daß es Ärger geben könne, wenn sie ihre Rituale öffentlich in Brooklyn zelebrierten.

Das kann ich mir vorstellen, dachte ich, als ich beim Abschied in dem kleinen Geschäft umherblickte. Nicht nur schwerer Kräutergeruch hing in der Luft, nicht nur Gläser voller Schwefel, Belladonna, Alraunenwurzeln und anderen Mixturen standen an einer Wand: sondern an der Decke über mir hingen auch mehrere Bocksfüße.

Peter Strafford, *The Times*, 23. Januar 1974

Dialog zwischen dem Teufel und seinem Austreiber

Exorzist: »Wann fährst du aus?«
Teufel: »Nie, nie, nie!«
Exorzist: »Du mußt. Ich habe die Vollmacht, dich auszutreiben.«
Teufel: »Du kannst mich nicht austreiben.«
Exorzist: »Als Mensch nicht. Wohl aber im Namen Christi und der Kirche.«
Teufel: »Weiß der das auch schon?! Oh, ihr miserablen Schweine, wer hat euch das verraten? Aber ich gehe nicht.«
Exorzist: »Du weißt genau, daß du gehen mußt. Wann gehst du also?«
Teufel: »Das geht dich nichts an.«
Exorzist: »Gib mir eine vernünftige Antwort.«
Teufel: »Wenn du mit deiner ganzen Sorte gehängt bist.«
Exorzist: »Du sollst mir sagen, wann du ausfährst.« (Er sprengt Weihwasser.)
Teufel: »Geh weg mit deinem Mistwasser. Ich sage es doch nicht.«
Exorzist: »Wann?« (Er legt Reliquien auf.)
Teufel: »Jetzt kommt er auch noch mit denen. Ja – ich gehe ja.«
Exorzist: »Ich will genau wissen, wann.«
Teufel: »In etwa 14 Tagen.«
Exorzist: »Genauer.«
Teufel: »Das sage ich nicht.«

(Gesprächsprotokoll zwischen einem katholischen Priester und dem Leibhaftigen. Es wurde in der zweiten Hälfte unseres Jahrhunderts aufgenommen.)

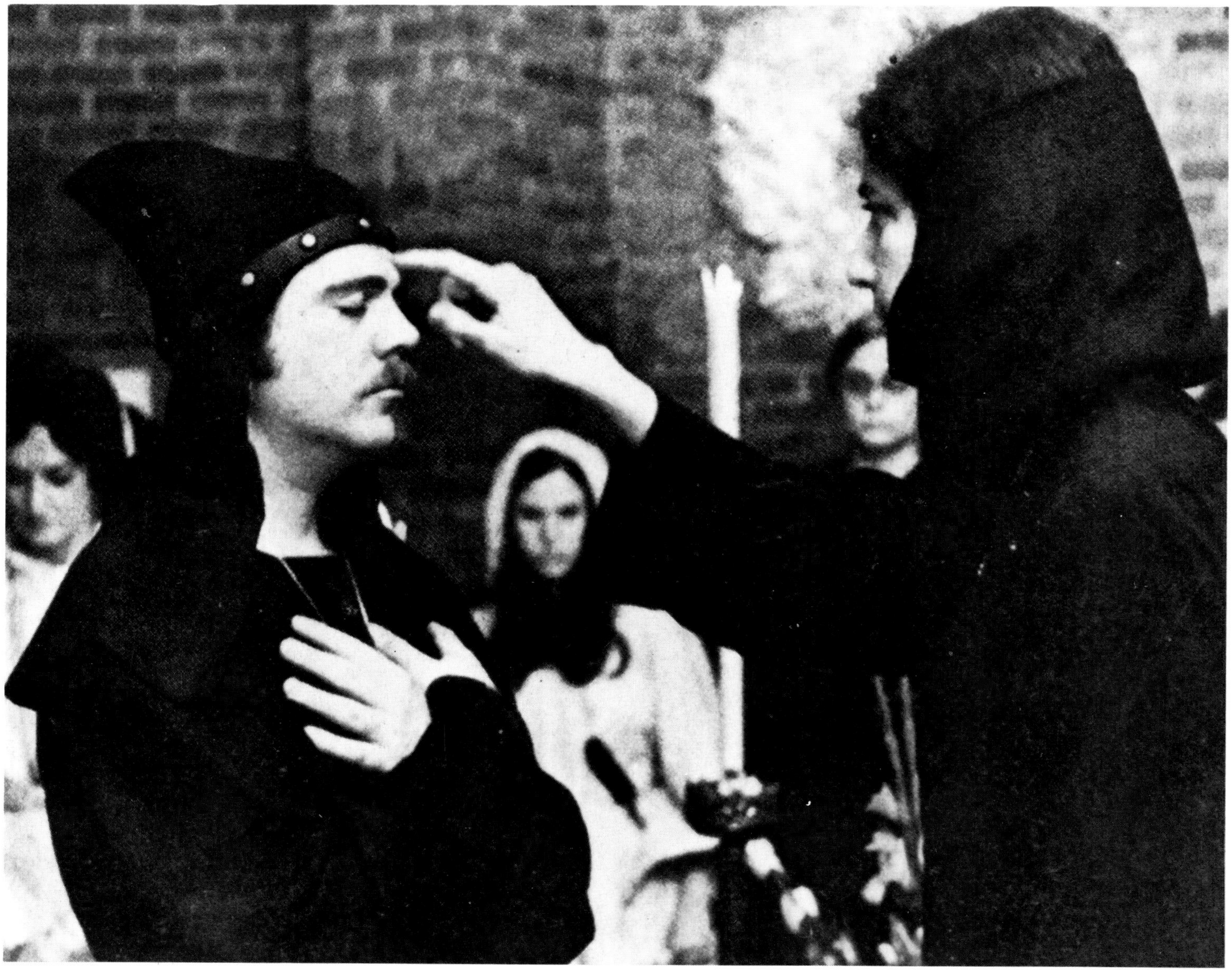

»Der heidnische Weg«, eine Gruppe von Anhängern des Okkulten in Chicago, die eine Mischung aus weißer Magie und heidnischen Ritualen praktiziert. Hier salbt die Hohepriesterin Donna Cole die Stirn des Hohenpriesters Herman Enderle.

Eine Gruppe von jungen amerikanischen Hexen veranstaltet einen züchtigen Tanz in den Bergen von Santa Cruz.

»Walpurgisnacht« anno 1977: Mehrere tausend Frauen demonstrieren in verschiedenen Städten der Bundesrepublik gegen die Gewalttätigkeit von Männern.

Der Teufel heute

Der Teufel, jener Komplize der Hexen – ist er tatsächlich existent oder nur ein Bild für das Böse?

Diese Frage beschäftigt die Theologen beider Konfessionen, ganz besonders aber die katholischen Kirchengelehrten in Deutschland, nachdem im vergangenen Jahr ein Fall von Teufelsaustreibung in einer fränkischen Kleinstadt spektakulär bekannt geworden ist. Dort trieben ein Pater und ein Pfarrer fünf Teufel aus einer 23jährigen Studentin aus und merkten nicht, daß das Mädchen langsam verhungerte. So geschehen anno domini 1976 in der Nähe von Würzburg, das knapp vier Jahrhunderte zuvor bereits schon einmal im Zusammenhang mit dem Teufel zu traurigem Ruhm gekommen war.

»Ich befehle dir, unreiner Geist, wer immer du bist, laß ab von diesem Menschen – im Namen des Vaters und des Sohnes und des Heiligen Geistes.« Mit diesen Worten – sie stammen aus dem Jahre 1614 und finden sich in der Sammlung liturgischer Riten und Gebete »Rituale Romanum« – leitete der Salvatorianerpater den Exorzismus bei der Studentin ein.

Als Antwort schallt ihm »Arschloch! Scheißkerl!« entgegen. Der ebenfalls anwesende Ortspfarrer nähert sich dem Mädchen mit Weihwasser. Vergeblich. »Dreckwasser, verfluchtes Scheißwasser! Scheißdreck!« rufen die Teufel aus Anneliese. Sie wälzt sich schreiend und keuchend auf dem Bett. Nur mit Mühe können die Eltern die Tobende bändigen. Mediziner, die die Studentin drei Jahre vor den Priestern behandelt hatten, hatten auf Epilepsie (Fallsucht) erkannt. Die Geistlichen hingegen diagnostizierten im Herbst 1975, mit Hilfe eines Gutachters, fünf Teufel als Ursache für die Krampfanfälle des Mädchens, sie brachten auch die Namen der Teufel in Erfahrung: Luzifer, Kain, Nero, Hitler und Fleischmann.

Der zuständige Bischof genehmigte offiziell die Einleitung eines Verfahrens der Teufelsaustreibung. Die Behandlung erfolgte anfangs ambulant.

Zu Ostern des Jahres 1976 verschlimmerte sich der Zustand von Anneliese jedoch so sehr, daß ihre Mutter sie aus dem Würzburger Studentenheim, in dem sie während ihres Studiums wohnte, nach Hause holte. Die Krämpfe traten in immer kürzeren Zeitabständen auf. Doch ein Arzt wurde nicht gerufen. Denn die Symptome entsprachen unverkennbar denen, die das Rituale Romanum bei Besessenen beschreibt, besonders die übermenschlichen Kräfte, die Anneliese zeigte, obwohl sie kaum noch Nahrung zu sich nahm.

Kurz vor ihrem Tod begannen die Teufel um den Besitz des Körpers von Anneliese zu kämpfen: »Das Vieh gehört mir!« –» Nein, mir gehört die Rotznas'.« – »Die Drecksau will nicht raus.« – »Dir gehört sie auch nicht.«

Auf die Frage, wann sie »ausfahren« würden, antworteten zwei der Teufel laut Annelieses Vater: »Am 1. Juli gibt es eine Wende.« In der Nacht zum 1. Juli starb Anneliese.

Die Ärzte weigerten sich, einen Totenschein auszustellen, denn das Mädchen, das nur noch 70 Pfund wog, war offensichtlich verhungert und verdurstet. Dies war, nach Meinung der Ärzte, ein Fall für den Staatsanwalt, der dann auch wegen unterlassener Hilfeleistung zu ermitteln begann.

Als eines der wichtigsten Beweismittel dienten ihm die 43 Tonbänder, die die Exorzisten während der Ausübung ihres schweren Amtes aufgenommen hatten – sehr zum Mißfallen Luzifers übrigens, der geschrien haben soll: »Was sollen diese verfluchten Scheißdinger da – tu die raus!«

Drei Jahre vor diesem mittelalterlich anmutenden Drama war in Altötting bereits ein Fall der Teufelsaustreibung bekannt geworden. Hier hatte der Leibhaftige unter dem Namen Pluto der Erste eine 33jährige Bauerstochter zum Domizil gewählt. Die Bauerstochter verschwand kurz nach Publikwerden des Falles in ein Tiroler Bergdorf, wo – jedenfalls noch 1976 – der Kampf mit dem Teufel von einem 80jährigen Pater fortgesetzt wurde.

In Hamburg trieben eine 70jährige Greisin und ihr 40jähriger Helfer den Teufel für DM 15.– täglich mit Vollpension aus. Wie 1975 bekannt wurde, »behandelten« sie Menschen, die sich für besessen hielten, in ihrem Pensionsheim mit Gebeten.

Ebenfalls ein Heim bzw. ein Institut zur Ausbildung von Teufelsaustreibern hat 1974 ein evangelischer Pfarrer in Rotterdam eingerichtet. Dort lernen u. a. Medizinstudenten, wie man mit Leuten umgeht, die entweder vom Satan selbst oder von seinen Unterteufeln oder von Hexen besessen sind.

Ein Fall, der weltweites Aufsehen erregte, war der der Bernadette Hassler. Das 17jährige Mädchen wurde von Mitgliedern einer Sekte in Ringwil bei Zürich zu Tode geprügelt, nachdem es angeblich gestanden hatte: »Ich liebe den Teufel. Er ist schön. Er besucht mich fast jede Nacht. Er ist viel besser als Gott. Ich möchte nur noch dem Teufel gehören.«

Das Mittelalter ist noch unter uns. Es greift sogar immer wieder nach uns. Man denke: Nach neuesten Forschungsergebnissen eines wissenschaftlichen Assistenten aus Münster könnte sogar Till Eulenspiegel – der Teufel gewesen sein.

Schwarze Messe bei den »Schwarzen Schwestern«. Der Film greift das Thema Hexen immer wieder auf.

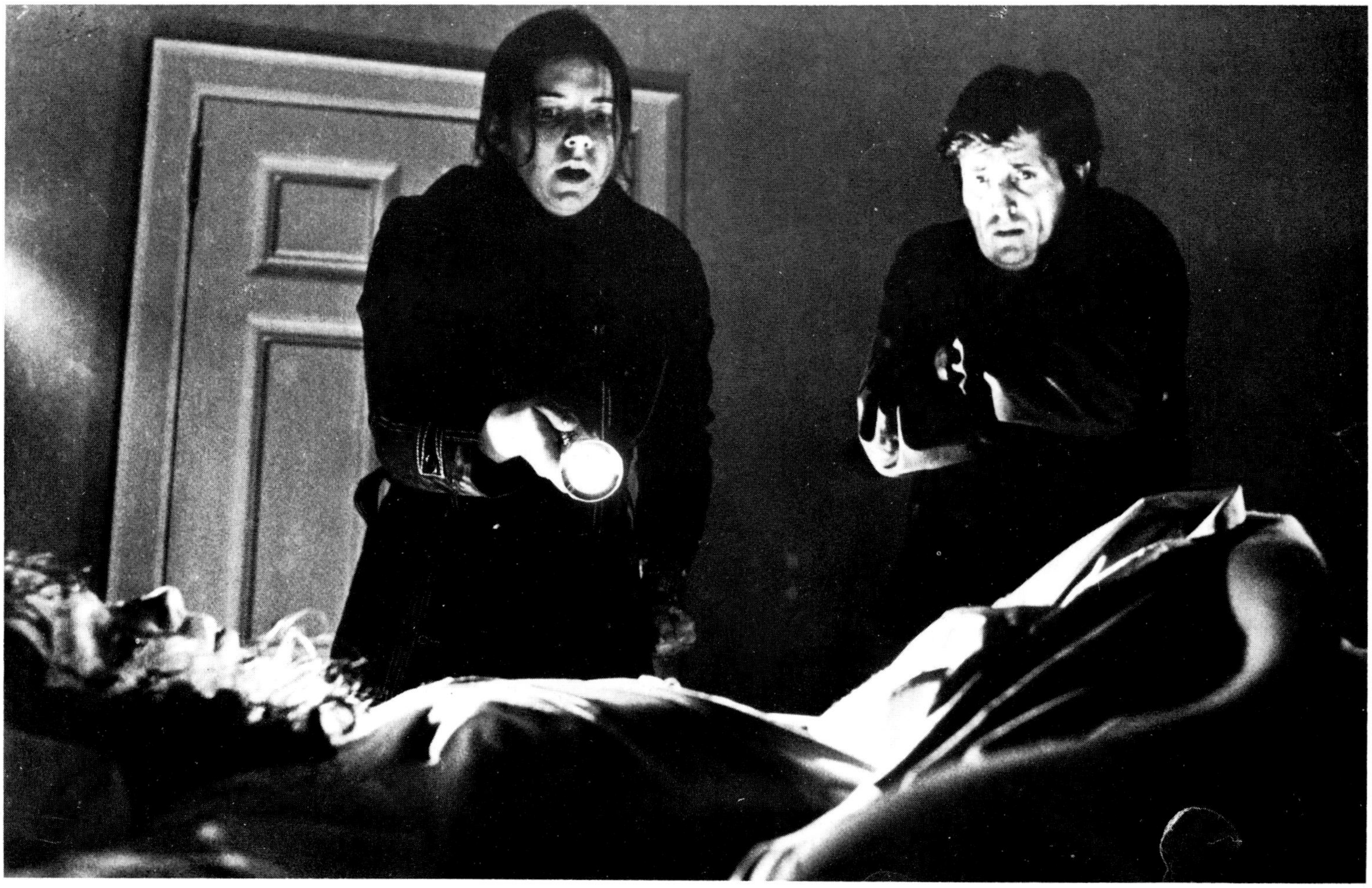

Der US-Film »Der Exorzist« erregte vor gar nicht allzu langer Zeit die Gemüter diesseits und jenseits des Atlantiks. Linda Blair spielte die Besessene.

Aus dem verloren geglaubten ältesten Eulenspiegel-Druck von 1510/1511, den der wissenschaftliche Assistent vor zwei Jahren ersteigerte, gewann er den Eindruck, daß Eulenspiegel weder ein »harmloser Spaßmacher noch hinterlistiger Schelm, weder bäuerlicher Protestler noch antiautoritärer Held (war), sondern eine Teufelsfigur, deren Missetaten vom Verfasser des Buches, dem Braunschweiger Zollschreiber Hermann Bote (um 1460 bis 1520) als »abschreckendes Beispiel niedergeschrieben wurden«. (DIE WELT, 22. 3. 77)

Ein Beispiel für diese These: In Lübeck zum Tode durch Erhängen verurteilt, läßt Eulenspiegel sich die Reverenz erweisen – durch Küsse an jene Stelle, an der nach mittelalterlichem Aberglauben die Hexen den Teufel ehrten – am Hintern. Till Eulenspiegel rettet dadurch sein Leben.

Links außen Aufsehenerregender Fall einer Teufelsaustreibung in Europa: Weil sie angeblich die Geliebte des Leibhaftigen war, wurde die 17jährige Bernadette Hassler von Mitgliedern einer Schweizer Sekte zu Tode geprügelt. Die Tragödie spielte sich 1968 in der Nähe von Zürich ab.

Rechts Josef Stocker, Ex-Pater und Begründer der Sekte, und seine ständige Begleiterin Magdalena Kohler. Beide wurden zu je zehn Jahren Gefängnis wegen schwerer Körperverletzung mit voraussehbarer Todesfolge an Bernadette Hassler verurteilt.

Die Riten des Wicca-Kults

Moderne Anhänger des Wicca-Kults bekennen sich zu zwei Grundregeln, die in den Sätzen »Vollkommene Liebe und vollkommenes Vertrauen« und »wissen, bestimmen, wollen, schweigen« beispielhaft zusammengefaßt werden. Diese Worte enthalten die Ziele und Aufgaben: Liebe zueinander und zur Menschheit, der Wille, die Mysterien von Leben und Tod zu ergründen und den Glauben zu bewahren, wenn nötig im Geheimen.

Obwohl sich die Hexen früher traditionsgemäß in Gruppen von dreizehn Personen trafen, wird diese Vorschrift heute nicht mehr als unbedingt bindend angesehen. Den Hexenzirkeln, wie diese Gruppen heißen, steht eine Frau, die Hohepriesterin, vor, die gleichzeitig Oberhaupt weiterer Zirkel sein kann und dann den Namen »Königin des Sabbats« trägt. Ihr zur Seite steht ein Mann, der bei bestimmten Gelegenheiten die Maske des gehörnten Gottes trägt und damit die andere Gottheit verkörpert, die von den Hexen verehrt wird.

Auch Liebe zwischen Hexen sollte mit einer Heirat enden. Aus diesem Grunde wurde unlängst die alte Hochzeitszeremonie der Hexen wieder eingeführt: Der Hohepriester, Alex Saunders, krönt die beiden Hexen als Mann und Frau.

Hexentreffen oder -versammlungen finden dreizehn Mal pro Jahr statt: Einmal in jedem Mondzyklus in der Nacht des Vollmonds. Dieser »Kalender« ist von ältester Herkunft und enthält sowohl die vier großen Sabbatfeiern Lichtmess (2. Februar), Walpurgis (30. April), Petri Kettenfeier (1. August) und den Abend vor Allerheiligen (31. Oktober), als auch die kleineren *Esbats* an den Tagen der Sonnenwenden und zum Frühlings- und Herbstanfang.

Die Versammlungen können im Hause oder im Freien stattfinden; die Verbreitung der Hexenzirkel in Großstädten und Landgemeinden bringt es mit sich, daß diese Versammlungen sowohl in einem gewöhnlichen Wohnzimmer einer Vorstadt, als auch auf einem einsamen Stück Land abgehalten werden. Da sich die Hexen für ihre Riten entkleiden, ist eine gewisse Abgeschlossenheit notwendig, um den Neugierigen zu entgehen.

Nur wenige Dinge werden benötigt: Ein magischer Kreis wird gezogen, in seiner Mitte befindet sich der Altar, auf dem die »Hexengeräte« liegen (siehe Abbildungen). Bei den Geräten handelt es sich um drei rituelle Messer, zwei Kelche, die Salz beziehungsweise Wasser enthalten, ein Weihrauchgefäß, ein kleines Abbild der Fruchtbarkeitsgöttin, eine Schnur oder Peitsche und einige Kerzen.

Vor der Zeremonie muß jede Hexe baden und sich reinigen; der magische Kreis wird von der Hohepriesterin ebenfalls gereinigt, indem sie ihn mit ihrem geweihten Messer, *Athame* genannt, nachzieht und mit Wasser und Duftstoffen besprengt. (Der Kreis wird gezogen, um die Kräfte zu konzentrieren, die die Hexen hervorzubringen beabsichtigen – und nicht zum Schutz gegen böse Geister, wie oft in Verwechslung mit den Riten der Schwarzen Magie behauptet wird.)

Die Hohepriesterin begrüßt zunächst jeden Einzelnen, und dann beten alle zusammen um den Segen der alten Götter. Das Hauptereignis der Versammlung ist der rituelle Tanz, der von den Tänzern dazu benutzt wird, zu versuchen den »Kraftkegel« zu bilden. Damit soll entweder einem Mitglied des Zirkels geholfen werden, oder sonst jemandem, der Hilfe nötig hat. (Beschreibung dieses Zeremoniells von einer praktizierenden Hohepriesterin, Patricia Crowther, siehe Seite 122.)

Der Aufwand an Konzentration und Energie ist so hoch, daß die Hexen nicht mehr als drei Versuche während einer Versammlung unternehmen – und das auch nur, wenn ernst-

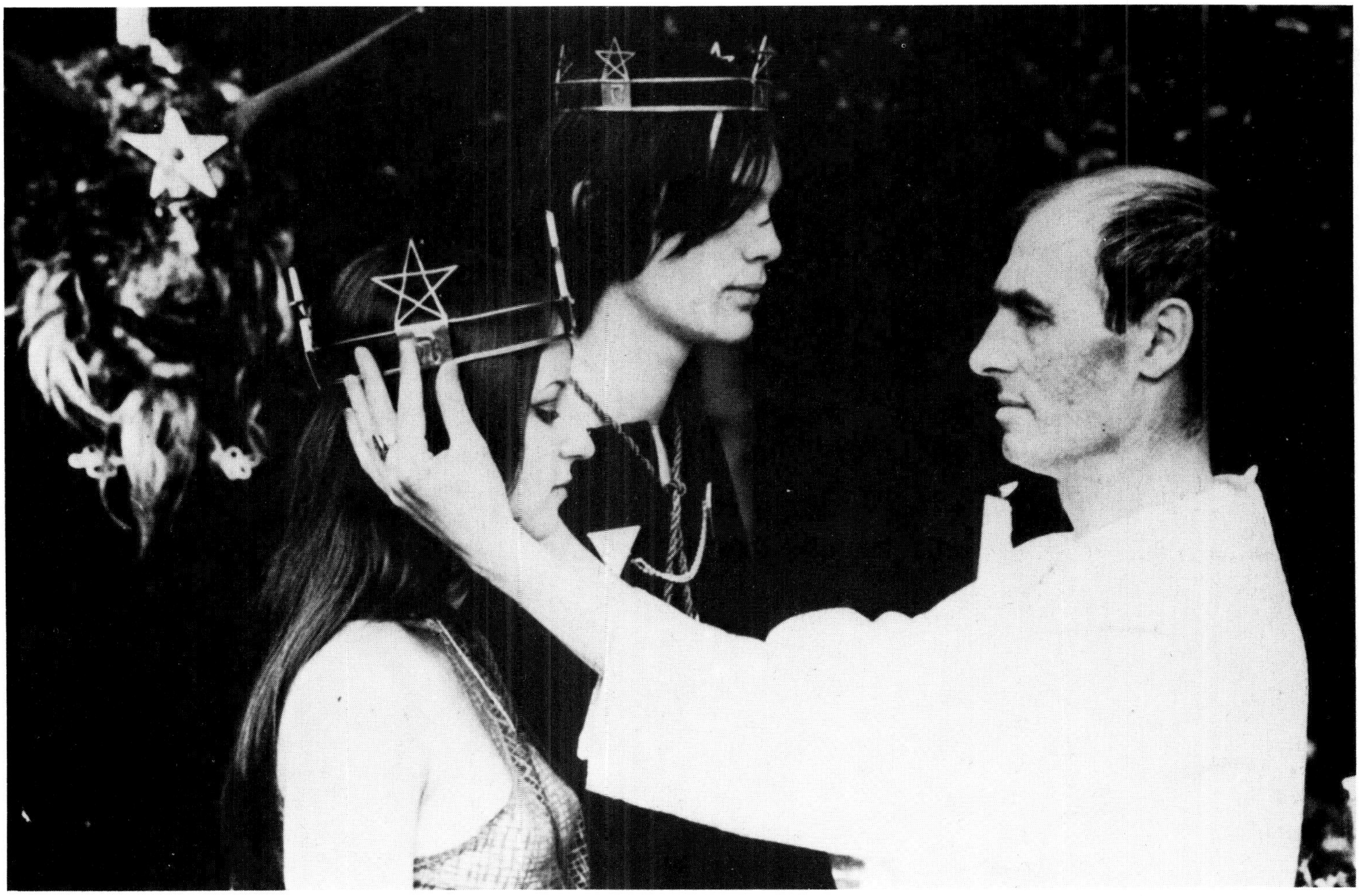

hafteste Gründe vorliegen – so zum Beispiel Krankheit, seelische Störungen und Unfruchtbarkeit von Mensch und Natur. Nach diesen Tänzen ruhen die Hexen im allgemeinen, trinken Wein und essen kleine Kuchen oder Kekse. Sex spielt bei diesen Tänzen keine Rolle, so behaupten die Hexen, trotz weitverbreiteter gegenteiliger Mutmaßungen. Die Versammlung endet mit einem Gebet, auf daß jedes Mitglied, wenn seine Zeit komme, im Jenseits wiedergeboren werde.

Neue Mitglieder treten dem Zirkel zuweilen während dieser Versammlungen bei. Das Aufnahmeritual wird in *The Book of Shadows,* der »Bibel« der Hexen, beschrieben. Es steht zu vermuten, daß dieses Werk sehr alt ist, es enthält Einzelheiten über sämtliche Elemente des Wicca-Kults und seiner Riten. Jeder Novize muß das Buch »eigenhändig« abschreiben und versprechen, »es niemandem außer einem Bruder oder einer Schwester desselben Glaubens zu zeigen«. (Die hier von Seite 122 bis 126 abgedruckte Fassung des Initiationsrituals wurde Gerald Gardners eigenem, handgeschriebenen Exemplar von *The Book of Shadows* entnommen. Da bekannt ist, daß Gardner einige Abänderungen gemacht hat, werden sich zweifellos Abweichungen von anderen Texten ergeben.)

Einer anderen Hohepriesterin, Eleanor Bone, zufolge, läßt die Initiation dem »Novizen esoterische Lehren zuteil werden, die ihn von der Furcht vor dem Unbekannten befreien und ihm dazu verhelfen, eine Philosophie der menschlichen Seele zu finden«.

Hexen versuchen sich auch im Alleingang mit einfacherer Magie, doch diese Beschwörungen »kosmischer Kräfte« zum Schutz gegen das Böse haben nichts mit den »Verwünschungen« zu tun, die das Volk so lange verängstigten. Diese Magie kann sehr wirkungsvoll gegen Einflüsse des Bösen sein, wird aber nur in extremen Notfällen angewendet.

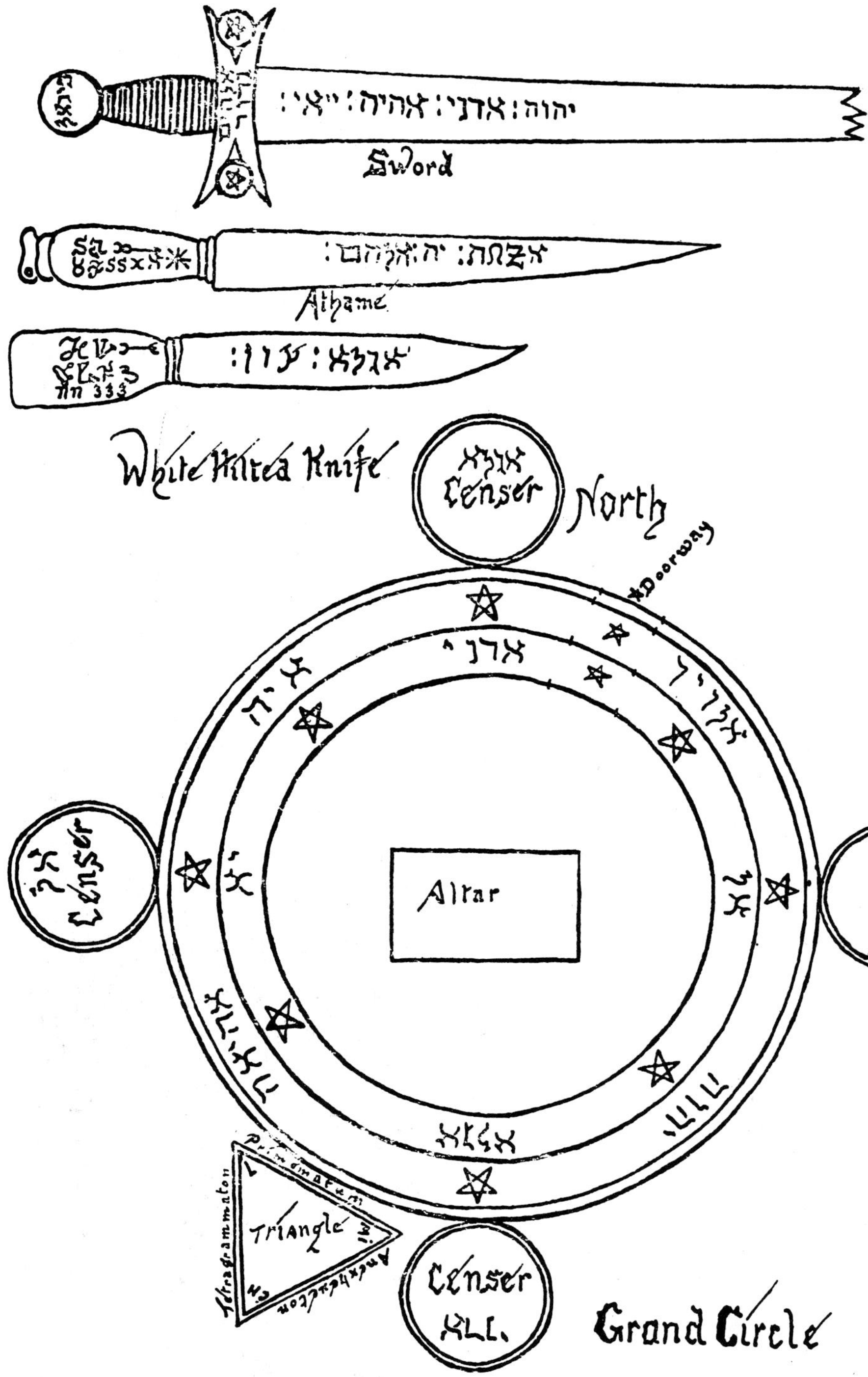

Diese Skizze von Gerald Gardner zeigt einige der wichtigsten Hexengeräte: oben das zeremonielle Schwert, darunter die »Athame« und das Messer mit dem weißen Griff. Unten der große Kreis des Wicca-Kults, der bei Versammlungen und bei Initiationsritualen benutzt wird.

Rechts Am Ende der Hochzeitszeremonie für Hexen legt sich der Mann zu der Frau, und alle – mit Ausnahme des gehörnten Gottes – kehren dem Paar den Rücken zu. Die Ehe wird hier nur symbolisch vollzogen. Der Geschlechtsverkehr findet später, wenn das Paar allein ist, statt.

Gerald Gardner, der bekannteste Hexenmeister Englands, zieht einen magischen Kreis als Vorbereitung für eine Wicca-Zeremonie. Nachdem der magische Kreis gezogen ist, erfleht Gerald Gardner den Segen der alten Götter und weiht den Kreis, bevor die Versammlung beginnt.

Oben Moderne Hexen fühlen sich ebenso wie ihre historischen Vorläufer zuständig für Liebeszauber und stellen Amulette nach alten Vorbildern her. Dieses Modell ist aus Silber oder reinem Kupfer zu fertigen und soll angeblich »wunderbare Erfolge in der Liebe und allen Liebschaften bewirken«.

Rechts Höhepunkt einer Hexenversammlung: Die Mitglieder des Zirkels schließen sich zusammen, um die Kraft »niederzuziehen«, die es ihnen ermöglichen soll, Zauber für sich und andere zu bewirken. Die Hohepriesterin hält die »Athame« hoch. Anschließend fassen sich die Anwesenden zum rituellen Tanz bei den Händen.

Eine bemerkenswerte Bildserie. Mr. Cecil Williamson, ein Experte auf dem Gebiet des Hexenwesens, zeigt, wie ein Fluch unwirksam gemacht werden kann: Eine Puppe, die der Person ähnelt, die den Fluch ausgesprochen hat, wird rituell »getötet«. Dabei ist wie folgt vorzugehen:

a) Man sammle die Zutaten für die Puppe, beispielsweise Beeren des Giftefeus für die Augen.

b) Sodann vermische man die Zutaten – Lehm, Quarz, Wasser und Würmer – und forme eine Puppe daraus.

c) Nun gebe man der Puppe Leben, indem man ihr auf einem Altar mit einem Strohhalm Atem einhaucht.

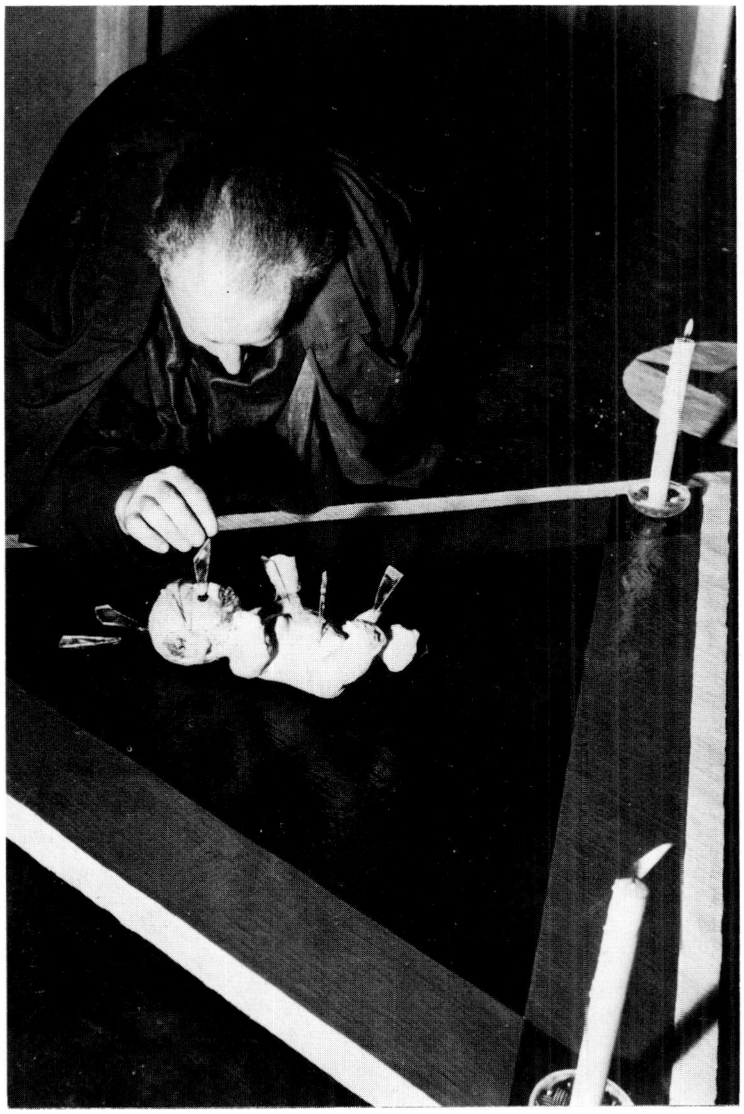

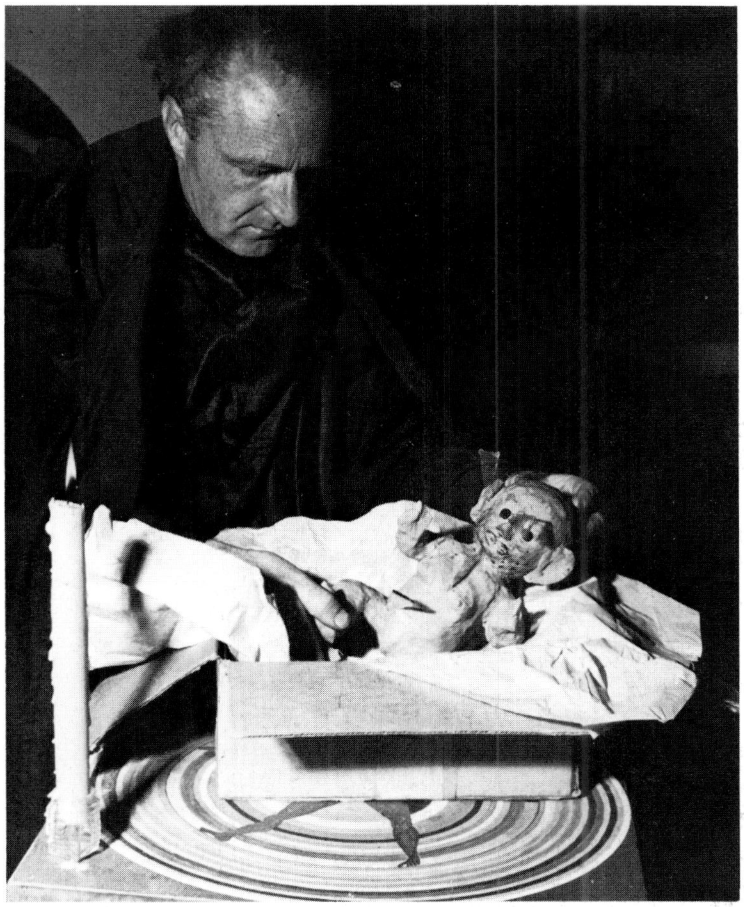

d) Das »Töten« der Puppe geschieht durch Ertränken in einer Schüssel Wasser. Danach wird die Puppe erstickt und verbrannt.
e) Das Ritual ist so gut wie beendet. Die Puppe wird nur noch mit Glassplittern in Form des magischen Dreiecks durchbohrt.
f) Das Ende des Rituals: Mr. Williamson wickelt die Puppe in ein Leichentuch und schickt sie entweder der Person, die den Fluch ausgesprochen hat, oder er beerdigt die Puppe in der Nähe seines Hauses.
g) Der Zauber kann mit einem Feuer am Grab der Puppe besiegelt werden.

Schließlich wäre noch darauf hinzuweisen, daß die heutigen Anhänger des Wicca-Kults nicht mehr darauf bestehen, daß eine echte Hexe Nachkomme einer langen Ahnenreihe von Hexen sein muß: Heutzutage kann ein jeder, unabhängig von seiner Rasse oder sozialen Herkunft, aber mit der richtigen Haltung und Einstellung, praktizierende Hexe werden und Zugang zu den Kräften gewinnen, die der Kult erschließen zu können glaubt.

Eine okkulte Fachzeitschrift stellte kürzlich eine Liste der zwanzig grundsätzlichen Fragen zusammen, die die Jünger Gerald Gardners denjenigen vorlegen, die sie um Aufnahme in ihren Zirkel bitten. Die Liste sei hier abgedruckt, da sie einen passenden Abschluß für eine Untersuchung bietet, die, wenn auch gerafft, die Geschichte der Menschheit mit all ihrer Mannigfaltigkeit an menschlichen Temperamenten durchmaß.

Sind Sie eine Hexe?

1. Tragen Sie einen Talisman?
2. Haben Sie bereits ein Erlebnis des déjà-vu gehabt, des Gefühls, etwas schon einmal erlebt zu haben?
3. Glauben Sie an die Kraft Ihres eigenen Willens?
4. Sind Sie von Natur aus eine starke, anziehende Persönlichkeit?
5. Haben Sie jemals versucht, Ereignisse nur durch Ihre eigenen psychischen Kräfte zu beeinflussen? (Zum Beispiel indem Sie jemanden durch reine Willenskraft dazu veranlaßten, etwas Bestimmtes zu sagen oder zu tun?)
6. Glauben Sie an die Kraft des Wortes?
7. Glauben Sie an die Kraft der Suggestion?
8. Üben die okkulten Wissenschaften eine Anziehungskraft auf Sie aus? (Fürchten Sie sie vielleicht und fühlen sich aber doch von ihnen angezogen?)
9. War einer Ihrer Vorfahren je mit Okkultem befaßt?
10. Der Hexenkult ist eine Urreligion. Erkennen Sie den Kult als eine solche Urreligion an?
11. Haben Sie starke Empfindungen gegenüber Dingen, die anderen gehören? (Wie zum Beispiel Schmuck oder Kleidung?)
12. Sind Sie »abergläubisch«, was die Handhabung und Pflege dieser Dinge anbelangt?
13. Sind Sie am Gebrauch von Kräutern und Gewürzen beim Kochen *und* im medizinischen Sinn der Heilung interessiert?
14. Schreiben Sie bestimmten Orten besondere Kräfte zu.
15. Einige Hexen üben ihren Zauber im Zustand der Nacktheit aus. Fühlen Sie sich natürlicher, bequemer, glauben Sie, mehr *Sie selbst* zu sein ohne Kleidung?
16. Glauben Sie an die Wiedergeburt?
17. Haben Sie einen geheimen Namen, den Sie sich selbst gegeben haben, oder von dem Sie wünschten, er wäre der Ihre?
18. Sprechen Sie mit Ihren Pflanzen, Ihrem Hund oder Ihrer Katze und glauben Sie, daß diese und andere Dinge in Ihrem Heim ein Eigenleben haben?
19. Glauben Sie, daß eine Gruppe von Personen gemeinsam (zum Beispiel im Gebet) eine starke psychische Kraft hervorbringen kann?
20. Sind Sie von anderen je Hexe(r) genannt worden?

Hexenzauber

Ich werde jetzt erklären, wie die Hexen Magie betreiben: Der Kreis wird mit dem magischen Schwert gezogen und mit geweihtem Wasser und Weihrauch gereinigt. Die Geister der vier Himmelsrichtungen werden angerufen, den Riten beizuwohnen, und an die Göttin wird ein Gebet gerichtet, sie möge unsere Wünsche erfüllen. Danach betreten alle Mitglieder des Zirkels den Kreis und werden geläutert. Ein einfacher Reim wird sodann abgefaßt, der aussagt, was wir erreichen wollen.

Danach fassen sich die Hexen bei den Händen und beginnen zu tanzen, wobei sie sich gleichzeitig auf die Person konzentrieren, zu deren Gunsten der Zauber gewirkt werden soll. Während sie tanzen, singen sie den Reim. Der Tanz wird schneller und schneller und das Singen lauter und lauter – bis die Tänzer erschöpft sind.

Der Tanz bringt jene Kraft hervor, die die Göttin benutzt, um den Zauber zu wirken. Man nennt dies »das Aufbauen eines Kraftkegels«, und der Vorgang muß auf die Person ausgerichtet sein, die Hilfe braucht. Da die Kraft den Körpern der Tänzer entströmt, sollte dieses Ritual nackt ausgeführt werden, denn Bekleidung behindert nur das Entstehen der Kraft. Es ist außerdem notwendig, daß alles innerhalb des Kreises sauber und geläutert ist. Der Kleidung jedoch, wie sauber sie auch sein möge, haftet immer irgendwelcher Schmutz an. Alle diejenigen, die an der magischen Zeremonie teilnehmen, müssen vor dem Betreten des Kreises ein rituelles Bad nehmen, dem besondere reinigende Kräuter beigefügt werden. Etwaige Roben, die innerhalb des Kreises getragen werden, müssen sehr sauber sein und ebenfalls gesäubert werden. Deshalb ist es einfacher, wenn alle nackt tanzen. Die Mitglieder des Zirkels müssen harmonisch, wie ein einziger Wille, zusammenarbeiten. Wird dies alles richtig ausgeführt, hat der Zauber sehr gute Aussichten auf Erfolg.

Patricia Crowther, *The Witches Speak* (1965)

Das Initiationsritual

Dies ist das vollständige Ritual der Weihe eines jungen Novizen oder einer Novizin zum Priester oder zur Priesterin des Hexenkults, ausgeführt von einer seiner Priesterinnen.

RITUAL

Die Priesterin und der Novize baden zunächst in warmem Wasser und betreten dann den Tempel der Weihe gemeinsam und völlig nackt. Die Priesterin betritt den großen magischen Kreis allein, während der Novize davor stehenbleibt. Sie zieht nun den Kreis mit der *Athame* nach, läßt aber einen Ein- und Ausgang, indem sie an einer Stelle die *Athame* bogenförmig in die Luft erhebt und dann den Kreis vollendet. Sie tanzt dreimal wie die Sonne von Osten nach Westen im Kreise herum und bittet dabei die Mächtigen des Ostens, Südens, Westens und Nordens zu erscheinen; sie tanzt noch mehrmals schweigend im Kreise herum und singt dann –

GESANG

Eko: Eko: Azarak, Eko: Eko: Zomelak
Bagabi Lacha bachabe
Lamac cahi achababe
Karrellyos

Lamac lamac Buchalyas
Cabahagy sabalyos
Baryolos

Lagoz atha cabyolas
Samahac atha famolas
Hurrahya

Die Priesterin verläßt nun den magischen Kreis durch den Ausgang und nähert sich dem Novizen und sagt:

»Da kein anderer Bruder hier ist, muß ich sowohl dein Bürge als auch deine Priesterin sein und dir eine Warnung übermitteln. Ist dein Sinn unverändert, so antworte darauf mit den Worten: ›Vollkommene Liebe und vollkommenes Vertrauen.‹«

Die Priesterin legt nun die Spitze der *Athame* an das Herz des Novizen und spricht:

»O du, der du auf der Schwelle stehst zwischen dem angenehmen Land der Menschen und den Reichen der schrecklichen Herren des fernen Raums, hast du den Mut, deine Prüfung zu bestehen? Denn wahrlich, ich sage dir, es wäre besser, du stürztest dich auf diese Waffe und vergingest elendiglich, denn daß du mit Furcht in deinem Herzen den Versuch wagtest.«

Auf dem Höhepunkt der Zeremonie werden die Hände und Füße des Novizen gefesselt, und er wird rituell »ausgepeitscht«, um ihn vor der Aufnahme in den Hexenzirkel von allem Unreinen zu befreien.

Der Novize antwortet der Priesterin wie folgt:

»Ich habe zwei Losungsworte. Vollkommene Liebe und vollkommenes Vertrauen.«

Die Priesterin senkt nun die Spitze der *Athame* und spricht:

»Ein jeder, der mir diese Worte bringt, sei zwiefach willkommen.«

Sie tritt hinter den Novizen und verbindet ihm die Augen, umfaßt ihn von rückwärts, indem sie ihren linken Arm um seine Taille und seinen rechten Arm um ihren Hals legt und ihre Lippen den seinen nähert und sagt:

»Ich gebe dir das dritte Losungswort: Einen Kuß.«

Die Priesterin führt den Novizen nun durch den Eingang in den großen Kreis und schließt die Öffnung hinter sich, indem sie sie dreimal kreuzweise mit der *Athame* durchfährt und alle Kreise miteinander verbindet. Sie führt den Novizen vor die Südseite des Altars und spricht:

»Nun kommt die Prüfung.«

Sie nimmt eine kurze Kordel vom Altar und bindet sie um den rechten Fußknöchel des Novizen, läßt aber das Ende frei und spricht:

»Die Füße weder gebunden noch frei.«

Mit einer längeren Kordel, die sie ebenfalls vom Altar nimmt, bindet die Priesterin seine Hände fest auf dem Rücken zusammen und verknotet die Kordel um seinen Hals, so daß die Arme des Novizen auf seinem Rücken ein Dreieck bilden, und das Ende der Kordel nach vorne als Führungszug herunterhängt. Sie nimmt das Ende der Kordel in ihre linke Hand, während die rechte die *Athame* hält, und führt den Novizen dem Lauf der Sonne folgend um den Kreis herum nach Osten, wo sie mit der *Athame* grüßt und folgende Worte spricht:

»Habt acht, Ihr Herren der Wachttürme im Osten, (nennt den Namen des Novizen), gründlich vorbereitet, wird zum Priester und zur Hexe geweiht.«

Die Priesterin führt den Novizen nun nacheinander gen Süden, Westen und Norden, wo ähnliche Verkündigungen gemacht werden. Sodann umfaßt sie den Körper des Novizen mit ihrem linken Arm und führt ihn, die *Athame* aufrecht in der rechten Hand haltend, dreimal halb laufend, halb tanzend um den Kreis herum. Der Novize wird dann vor der Südseite des Altars angehalten, und die Priesterin läutet nun eine Glocke elfmal, kniet dann zu seinen Füßen nieder und spricht:

»In anderen Religionen kniet der Postulant, denn der Priester beansprucht höch-

Die Priesterin nimmt die Hexengeräte vom Altar und übergibt sie dem frischgeweihten Novizen als Abschluß des Initiationsrituals.

ste Macht. Doch in der Magischen Kunst lehrt man uns die Demut, und so sagen wir:

Gesegnet seien deine Füße, die dich dieses Weges gebracht haben. (Küßt die Füße des Novizen oder der Novizin)

Gesegnet seien deine Knie, die am heiligen Altar niederknien werden. (Küßt Knie)

Gesegnet sei das Organ der Fortpflanzung, ohne das wir nicht wären. (Küßt Penis oder Vagina)

Gesegnet sei deine Brust, in Schönheit und Stärke geformt. (Küßt jede Brust)

Gesegnet seien deine Lippen, die die geheiligten Namen sprechen werden.« (Küßt die Lippen)

Der Novize kniet nun vor dem Altar nieder, und die Kordel um seinen Hals wird an einem Ring befestigt, so daß er sich nach vorne beugen muß. Seine Füße werden nun zusammengebunden, sodann läutet die Priesterin die Glocke dreimal und spricht:

»Bist du bereit zu schwören, daß du der Kunst auf ewig treu bleiben willst?«

Der Novize:»Ich schwöre.«

Die Priesterin läutet die Glocke siebenmal und spricht:

»Zuerst mußt du geläutert werden.«

Die Priesterin nimmt nun eine Geißel vom Altar und schlägt damit leicht auf das Gesäß des Novizen, zuerst drei, sieben und neun Streiche, dann einundzwanzig – vierzig Streiche insgesamt, und sagt:

»Bist du nun bereit, deinen Brüdern und Schwestern der Kunst stets zu helfen und sie zu verteidigen?«

Der Novize: »Ich bin bereit.«

Die Priesterin: »Dann sprich mir nach –

Ich, (Name des Novizen), in der Gegenwart der Mächtigen des Weltraums, und im Besitz meines eigenen freien Willens, schwöre auf das Feierlichste, daß ich auf ewig das Geheimnis der Kunst bewahren und niemals verraten werde, es sei denn an einen dazu Berechtigten, entsprechend Vorbereiteten, innerhalb eines Zirkels wie diesem, in dem ich mich jetzt befinde, und daß ich einer solchen Person niemals diese Geheimnisse versagen werde, wenn ein Bruder oder eine Schwester der Kunst sich für sie verbürgt. All dies schwöre ich bei meiner Hoffnung auf ein zukünftiges Leben, und mögen sich meine Waffen gegen mich selbst kehren, wenn ich diesen feierlichen Eid breche.«

Die Füße des Novizen werden nun der Fesseln entledigt, die Halskordel vom Altar losgebunden, die Augenbinde wird entfernt, und nur die Hände bleiben gefesselt. Die Priesterin kniet nun vor ihm nieder und spricht:

»Hiermit weihe ich dich mit Öl.«

Die Priesterin betupft den Penis, die rechte und die linke Brust und wieder den Penis mit Öl; so wird ein Dreieck gebildet.

»Hiermit weihe ich dich mit Wein.«

Die Priesterin benetzt den Penis, die rechte und die linke Brust, dann wieder den Penis mit Wein, so daß wieder ein Dreieck entsteht.

»Hiermit weihe ich dich mit meinen Lippen.«

Die Priesterin berührt den Penis, die rechte und die linke Brust, wieder den Penis mit ihren Lippen und vollendet damit das Zeichen des Dreiecks. Sie erhebt sich und löst nun die Handfesseln des Novizen und spricht:

»Nun übergebe ich dir das Werkzeug einer Hexe.«

Sie nimmt daraufhin das Schwert vom Altar, bedeutet ihm, es zu berühren und sagt:

»Zuerst das magische Schwert. Mit diesem, wie mit der *Athame,* kannst du alle magischen Kreise ziehen, alle aufrührerischen Geister und Dämonen bändigen und bestrafen und sogar die Engel und die Genien heraufbeschwören. Mit diesem Schwert in der Hand bist du der Herrscher des magischen Kreises.«

Die Priesterin küßt nun den Novizen und sagt:

»Als nächstes übergebe ich dir die Athame. Dies ist die echte Hexenwaffe, die alle Kräfte des magischen Schwerts besitzt.«

Die Priesterin küßt den Novizen erneut und sagt:

»Als nächstes gebe ich dir das Messer mit dem weißen Griff. Es ist zur Herstellung aller Instrumente der Kunst bestimmt.«

Sie küßt ihn erneut und sagt:

»Als nächstes gebe ich dir das Weihrauchfaß. Es dient zur Ermunterung und zum Willkommen der guten Geister und zum Bannen der bösen.«

Die Priesterin küßt den Novizen erneut:

»Als nächstes gebe ich dir die Geißel. Sie ist ein Zeichen der Macht und der Herrschaft und soll auch Schmerzen verursachen und Läuterung herbeiführen. Bist du bereit, zu leiden und zu lernen?«

Der Novize: »Ich bin bereit.« (Erneuter Kuß)

»Schließlich und letztlich übergebe ich dir die Fesseln, mit denen du die Sigilen, den Elementarstoff, binden und deinen Willen durchsetzen kannst, und die auch während des Eids nötig sind.«

Erneuter Kuß. Die Priesterin sagt nun:

»Ich grüße dich im Namen der Götter, neugeweihter Priester und Hexe.«

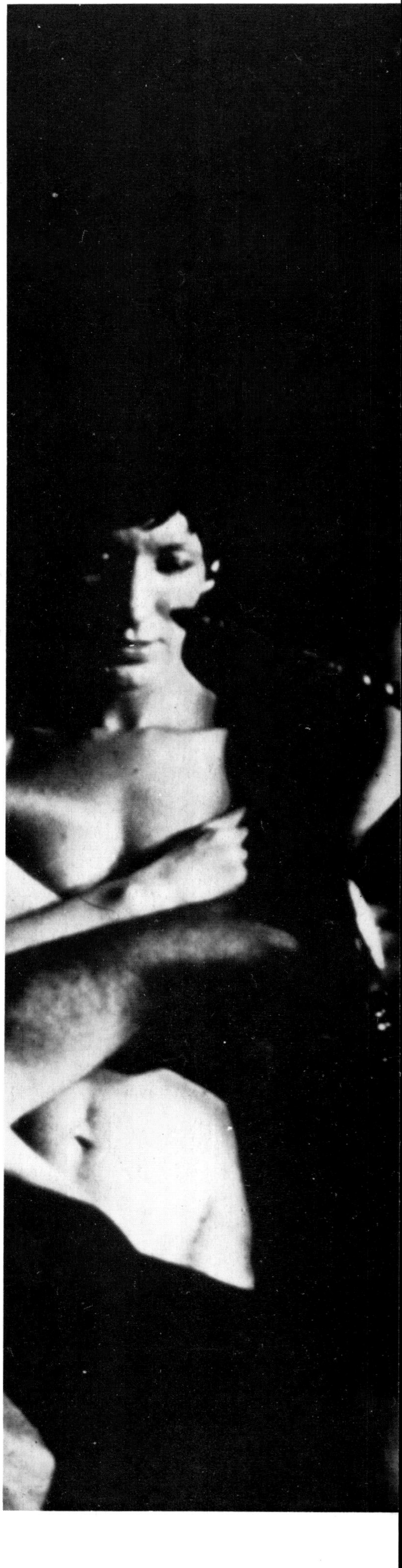

Nachdem die verschiedenen Stufen der Initiation durchlaufen sind, wird die Weihe des Novizen »zum Priester und zur Hexe« verkündet. Sodann wird das neue Mitglied der Versammlung vorgestellt.

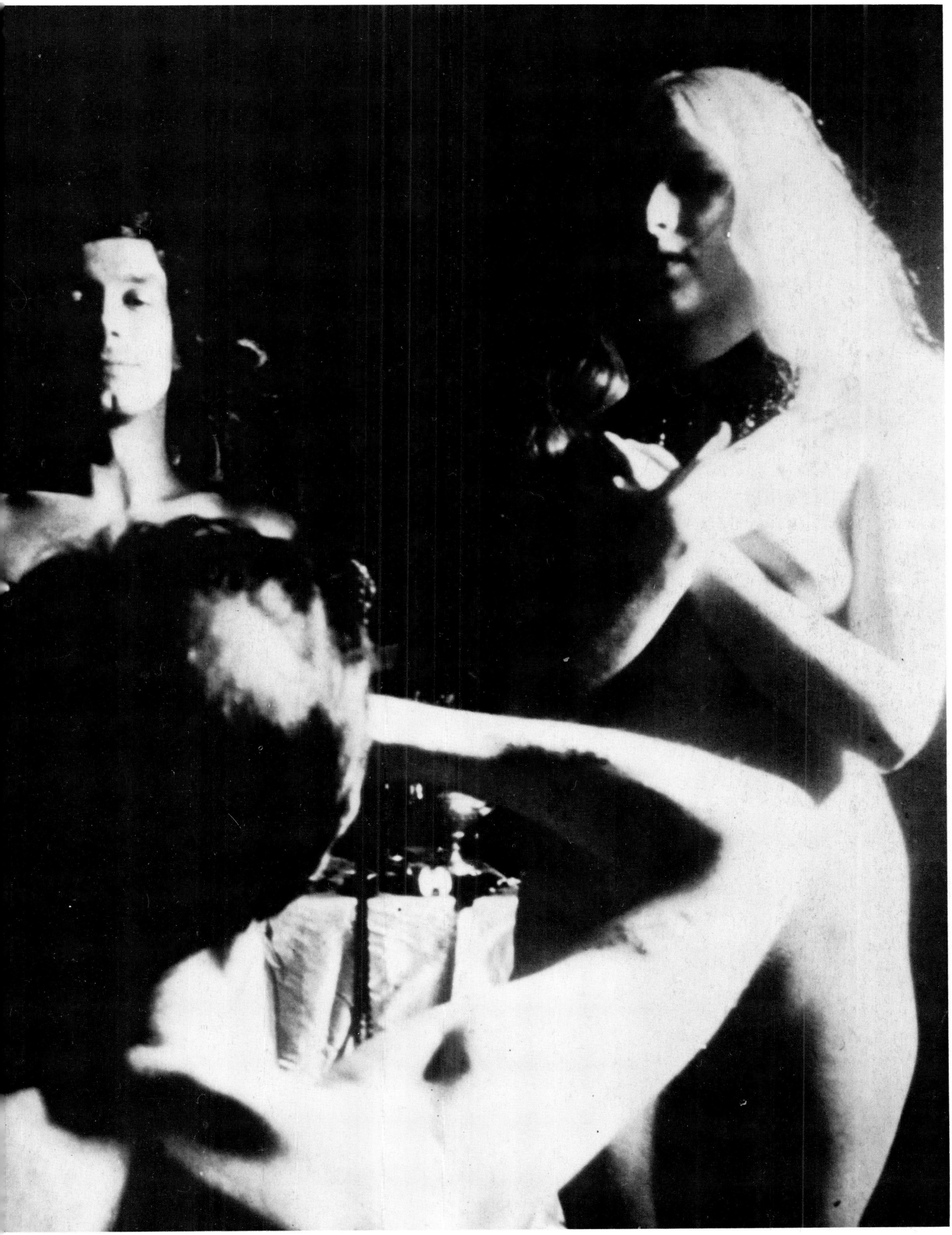

Quellennachweis

Der Autor dankt allen, die zu diesem Buch beigetragen haben:
The Associated Press, Deutsche Presse-Agentur, Ullstein, The Harry Price Library, The Sunday Times, Keystone Picture Agency, The Illustrated London News, The Conway Picture Library, Camera Press, Michael Busselle, The Daily Mirror, Time Magazine, Esquire, Look, The News of the World, The Sun, Black Star Picture Agency, The Times, The Mary Evans Picture Library, The Essex Institute, Salem und The Daily Telegraph.

Viele Abbildungen in diesem Buch stammen aus der Sammlung des Autors, weitere aus Werken, die sich im British Museum, London, und in der London Library befinden.

Der Autor ist Chris Scott zu Dank verpflichtet, der ihm bei der Abschrift oder Kopie älterer Materialien behilflich war, und Cecil Smith, Art Director des Verlags New English Library.